永靖大法宗師著

真傳茅山符咒秘笈

育林出版社印行

序

符咒的歷史，在夏、商、周就已經有，符籙之學問，離不開，五行八卦，天地日月星，山川江河，及飛禽走獸，先天靈機，推闡根由，在借用各種咒語，指法，罡訣，貫通應用，藉以役鬼通神，與無形靈界溝通之一種符號，符咒各門各派多有所不同，今公開家傳之秘傳和合類，招財類及實用之符咒供諸參考。

中華三奶道派掌門宗師

永靖大法宗師

民國一〇二年十月十日於中和

育林出版社

永靖大法宗師——簡介

中華民傳統道法五術推廣協會
創會理事長
中華民國道教法師聯合總會
常務理事
中華三奶道派掌門宗師
在九十九年八月五日在立法院
由院長親授證
更為台灣、香港…等
海內外各大電視媒體、平面週
刊雜誌專訪，主講師泰省淨明
閭山法派授課：

內容：傳授閭山派，各類符法咒科，及茅山派，六壬派，鳳陽派，金英教，玄帝教，白蓮教，寧都派，陰山派↑鬼山教，胭脂派，崑崙派，王老仙師，普庵教：罕見教派符法咒術，保證學成。

永久地址：台灣新北市中和區民治街六巷十七號
郵政信箱：台灣台北郵政59274號信箱
聯絡電話：(〇二)二二二五一一六四〇
網址：http://www.longsingtan.com
信箱：longsingtan@gmail.com

目錄

序……一
永靖大法宗師—簡介……二
茅山入門過教符……一二
茅山催兵符……一三
三茅真君符……一四
茅山過火保護符……一五
治火疸瘡符……一六
收元辰符……一七
茅山畫符真訣……一八
一、術士本身之修養……一九
二、道壇之設置……二〇
三、靈力之培養……二一
四、畫靈符之秘訣……二二
五、畫符之經驗……三一
六甲壇修練秘法……三三
定魂定魄咒……三七
淨口咒……三七
淨身咒……三八
安土地咒……三八
淨天地咒……三九
混元咒……四〇
六甲壇修練步罡秘訣……四三
踏罡步斗法……四四
硃符……四六
六丁符……四七
踏罡符……四八
墨符……四九
行步符……五〇
紙符……五一
步斗式……五二

步斗符……五三
混元符……五四
步罡符……五五
筆符……五六
硯符……五七
池符……五八
六甲符……五九
真傳行術口訣……六〇
茅山收魂術……六三
茅山驅邪鎮宅術……六五
驅邪鎮宅符……六六
祛解符……六七
消煞符……六八
楊枝符……六九
五雷符……七〇
茅山止兒夜啼術……七一
茅山止兒剃頭哭鬧術……七二
茅山制蜂不螫術……七三
制蜂神咒……七三
茅山制飛蟲不入室術……七三
茅山懲治惡人神術……七四
引鬼符……七六
天師真傳神術……七七
佈壇式……八〇
淨壇符……八一
呼召符……八二
茅山照水碗神術……八三
敕碗符……八五
真形符……八六
止血符……八七
止痛符……八八
和睦符……八九
茅山七星補運術……九〇
茅山流年改運術……九二

改運符……九二
太陰符……九六
伏魔符……九七
交易符……九八
止蕩符……九九
化頑符……一〇〇
茅山太上感應神術……一〇二
茅山萬應祝由術……一〇三
茅山靈異符咒奪愛術……一〇五
合意符……一〇五
合心咒……一〇六
茅山吸引異性奇術……一〇七
素女符……一〇七
茅山真傳流年災劫保命術……一〇八
災劫符……一〇八
茅山高手上清秘術……一〇八
接引符……一〇九
庫官祈財異術……一一〇
庫官咒詞……一一一
庫官換寶秘咒……一一二
陰陽獸首賭符……一一五
賭奕邪法……一一六
賭博符一……一一六
賭博符二……一一七
賭博符三……一一八
吳真人神符定風術……一一九
定風符……一一九
黃長房神法縮地術……一二〇
縮地咒……一二一
縮地符……一二一
邢和璞預算人心術……一二二
飛召符……一二三
呂洞賓玉房妙術……一二四
御女符……一二四

金鋼太陰指功術……一二五
葛長庚水面行走術……一二九
輕身符……一三一
太上感應修真秘術……一三二
茅山戀情符……一三七
茅山戀情咒……一三八
茅山九姑和合符……一三九
茅山九姑和合咒……一四〇
追魂奪愛咒……一四一
追心和合咒……一四二
茅山天網符……一四三
茅山天網咒……一四四
陰兵聽令符……一四六
茅山降神符……一四七
茅山通神符……一四八
通神咒……一四九
李鐵拐導神出遊術……一五一
鐵拐符……一五二
天皇神咒修真術……一五三
天皇真咒……一五四
制羅猴符……一五五
斷鬼符……一五六
治白蟻符……一五七
見怪護身符……一五八
病人護身符……一五九
康元帥鎮煞符……一六〇
治顛狂邪煞符……一六一
治百病符……一六二
治喉閉破病符……一六三
趙元帥鎮煞符……一六四
清涼符……一六五
五雷符……一六六
洗清淨符……一六七
收三十六煞退陰太歲符……一六八

退癀符……一六九
趙元帥收邪符……一七〇
封山符……一七一
收斬陰邪符……一七二
治狂顛符……一七三
治顛狂咒……一七四
收元辰符……一七五
收鬼火符……一七六
茅山祭天掃符……一七七
茅山祭天掃咒……一七八
茅山祭地掃符……一七九
茅山祭地掃咒……一八〇
茅山天羅地網符……一八一
茅山天羅地網咒……一八二
茅山安魂定魄符……一八三
茅山安魂定魄咒……一八四
茅山太極符……一八五
茅山太極咒……一八六
茅山法力增強符……一八七
茅山天羅地網調回符……一八八
茅山淨百事吉祥符……一八九
茅山治陰症符(一)……一九〇
茅山治陰症符(二)……一九一
茅山旺財庫符……一九二
茅山神功修練符(一)……一九三
茅山神功修練符(二)……一九四
茅山神功修練符(三)……一九五
茅山神功修練符(四)……一九六
茅山神功修練符(五)……一九七
茅山神功修練符(六)……一九八
茅山神功修練符(七)……一九九
茅山神功修練符(八)……二〇〇
茅山收檳榔邪符……二〇一
茅山治夜啼鬼符……二〇二

茅山退邪兵符……二〇三
茅山收妖符……二〇四
茅山鎮煞符……二〇五
茅山治顛狂符……二〇六
茅山解結符……二〇七
茅山收流財三煞符……二〇八
茅山五雷收魂符……二〇九
茅山清淨符……二一〇
茅山治亂心符……二一一
茅山五虎破開符……二一二
茅山斷緣符……二一三
茅山無緣符……二一四
茅山五鬼分離符……二一五
茅山飛刀斬緣符……二一六
茅山旺財符……二一七
茅山招財符……二一八
茅山五雷神針符……二一九
茅山照妖鏡符……二二〇
茅山除陰氣除却符……二二一
茅山制棺木煞符……二二二
茅山改惡從善符……二二三
茅山鎮女兒不利符……二二四
茅山緊急請神符……二二五
茅山雨花石求夢符……二二六
茅山旺財符……二二七
茅山八馬催財符……二二八
茅山追神符……二二九
茅山如意符……二三〇
茅山破日課犯麻衣神煞符……二三一
茅山除鬼影符……二三二
茅山小兒聰明符……二三三
茅山治不肖之小人符……二三四
茅山制喪車煞符……二三五
茅山鎮山煞符……二三六

茅山掩身符……二三七
茅山治惡夢符……二三八
茅山追魂通靈符……二三九
茅山除鬼影符……二四〇
茅山旺店興旺符（一）……二四一
茅山旺店興旺符（二）……二四二
茅山明眼符……二四三
茅山治精神病符……二四四
茅山止肚痛符……二四五
茅山制五鬼符……二四六
茅山改心性符……二四七
茅山發陰兵符……二四八
茅山財利符……二四九
茅山催財興旺符……二五〇
茅山五方引路符……二五一
茅山討債符（一）……二五二
茅山討債符（二）……二五三
神算子異術……二五四
神算符……二五八
通靈神咒……二五九
茅山百解符……二六〇
茅山通神符……二六一
茅山禁暴夫驚妻符……二六二
茅山禁暴妻驚夫符……二六三
茅山鎮家宅犯火星符……二六四
茅山助賭符……二六五
茅山制陽宅損傷合符……二六六
茅山陽宅厄運轉吉符……二六七
茅山求財必得符……二六八
茅山萬應出賽符……二六九
茅山破五黃凶星符……二七〇
茅山鎮嫁夫不利符……二七一
茅山招貴人旺財符……二七二
茅山招財符……二七三

茅山避血光符……二七四
茅山請神鎮宅興旺符……二七五
茅山通神符……二七六
茅山追人符……二七七
茅山開財庫符……二七八
茅山安心符……二七九
茅山治寒毒符……二八〇
茅山鎮家宅不聚財符……二八一
引路符……二八二
元辰吊魂符……二八三
全家和合符……二八四
金刀童子沖開符……二八六
五鬼分開符……二八七
五陰和合神咒……二八八
全家和合咒……二八九
散魔和合迷魂咒……二九〇
迷合咒……二九一
彩鳳和合咒……二九二
和合咒……二九三
鳳凰和緣符……二九四
治陰症符……二九五
茅山花公花婆鹿草和合符……二九六
茅山花公花婆鹿草和合咒……二九七
茅山和合符(一)……二九八
茅山和合符(二)……二九九
茅山迷魂符……三〇〇
茅山迷魂咒……三〇一
茅山防愛人移情符……三〇二
茅山防愛人移情咒……三〇三

茅山入門過教符

用法：紅紙黑字，五月五日或七月初七，午時坐南朝北，書此符三道，道奉安神位，一道燒香爐，另一道燒在五鬼壇前五鬼旗香爐，須由傳教師過教否者無效

茅山催兵符

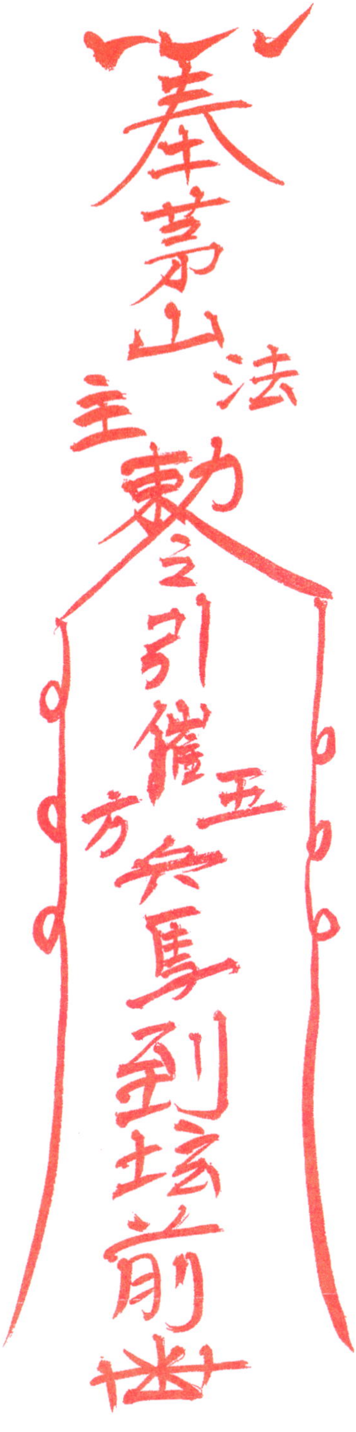
奉茅山法主勅之引催五方兵馬到壇前

用法：祭陰兵陰將壇用，黃紙墨書化在香爐，無明引路千萬不要亂用。

三茅真君符

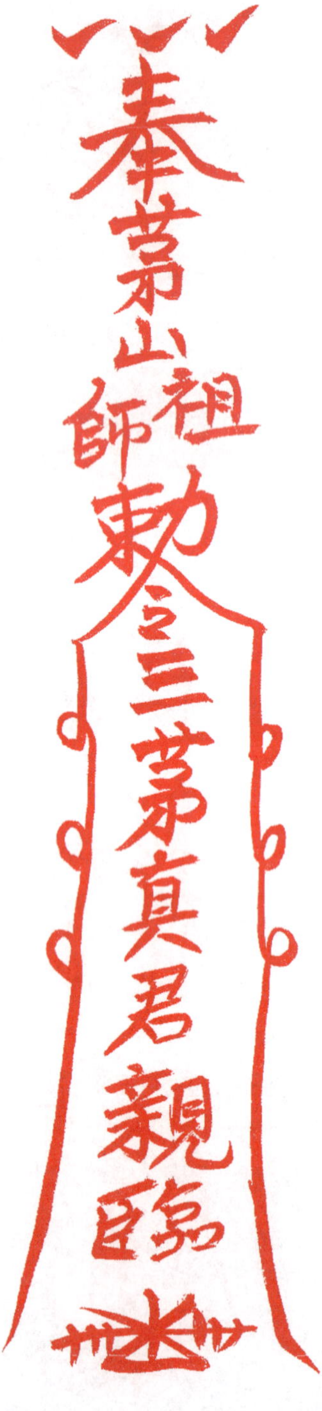
奉茅山祖師勅
三茅真君親臨

用法：於元旦日，用黃紙硃書此符帶在身上，諸事順利。

茅山過火保護符

用法：凡欲過火者必齋戒三日，過火前各手紮黃布墨書此符，男左前面，女右後面。

治火痘瘡符

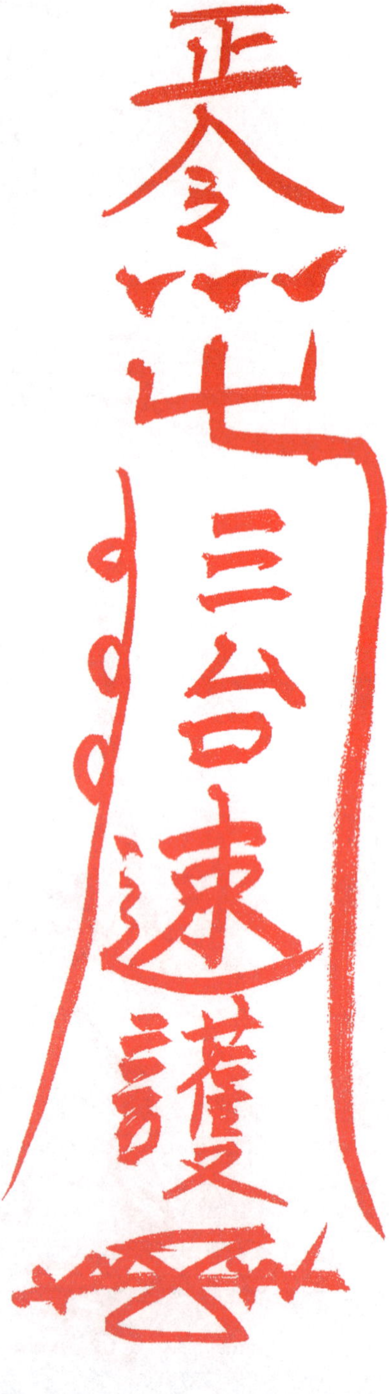

用法：小孩或大人生痘瘡時，先向玄天上帝祖師說明事由後，再書符二道各三遍，黃紙墨書化飲。

收元辰符

用法：大人小孩驚嚇過度，可備米一盤，衣服一件放在神前，三炷香向神稟明事由，將香置於盤上以衣服壓住，本符以黃紙硃書帶身即可。

茅山畫符真訣

施用茅山符咒要達到不可思議之靈異效果，必需要以誠信之態度為之。經云：「神無不在，可由目擊而存，法無不靈，可憑心誠而至。」即此之謂也。求術者若抱半信半疑之態度求術，對術法施行之感應會有不良之影響，是故施術者預先建立求術者之信心，是不可忽視之，然而如何建立求術者之信心呢？

一、術士本身之修養

包括身〈肉體〉心〈精神〉及德性之修養。有些生成仙風道骨者，其外貌及精神感應靈力，已令求術者一見受震懾矣。但有些靈異先天秉賦者畢竟少如鳳毛麟角，所幸一個出色的術士，也可憑虛心修養而達至，即是進行身心雙修，不時應修煉吐納靜坐，使身體氣魄健壯、聲音宏亮、氣力充沛，試想一個精神疲靡不振、氣若游絲、對事無果斷能力、膽小如鼠、畏首畏尾之懦夫，如何能在人與人之間建立威信？如何能畫出靈效之符章？

術士除了身心雙修外，對德性之建立，亦極重要，術士平時需留意威儀震肅，應避免涉足酒色財氣場所，言詞威正，行為要端正，平時服裝亦應留意，之細心遵行之。

要令求術者敬畏，亦另有一秘訣，即時時暗中施用催眠術暗示法，令求術者無意之中受到潛意識之控制，而建立至誠之信心。

二、道壇之設置

道壇雖非商務門面，但若因漏就簡，不加佈置實有損求術者之心理，是故，凡設壇濟世者，應佈置一古色古香之道壇，在此術室作法，當有事半功倍之效。

由於道術符咒是數千年古老之神秘術法，是故道壇絕對不宜佈置新式，以古代復新為佳，法器道具也以道教常用之物為要。

三、靈力之培養

何謂靈力？靈力即是超自然的力量，一個術士若能修集天地靈氣與自身靈氣合而為，則其已超然一人仙矣，修亦隨因緣，有緣即能早悟，否則十年苦修亦無何成就也，如何培養靈力呢？

依秘傳六甲壇靈修真訣，設六甲壇認真齋戒修煉四十九日，而尚未見靈光或神將，則宜加修「秘傳法身修真專科」以便真靈能顯。

四、畫靈符之秘訣

甲、畫靈符前應睡眠充足，精神飽滿，先沐浴全身，待心平氣和時，才開始焚香念咒畫符，凡怒氣、精神欠佳，病及色慾後，萬不可畫符，慎之！

乙、畫符之時間，最好是在子時，這個時辰是陰陽交泰之時，萬物感應最具靈敏，除子時外，凡吉日之卯、午、酉時亦可畫符，刑破日不可畫符，用之不靈也。

丙、畫符古代概用淨烟松墨，漢代方士煉丹喜用硃砂畫符，現凡註明硃畫者，用硃砂畫，註明墨書者，用淨烟墨畫，若無註明，則硃、硃墨皆可，佩帶之符以墨為佳，硃砂以粒狀之辰砂為合。

丁、畫符之紙用工山黃或工山青，其他紙張一概不能供作化食之用，慎之，勿誤用！至囑！若佩帶之布符則用純棉質之。

戊、凡設六甲壇，已修煉四十九日，畫符作

法概用六甲壇下之筆、墨、紙、硯、硃等，畫符前先焚香點燈，正立壇前，手搖法鈴念六口訣：

訣一：土地神咒曰：「此間土地，神祇最靈，通天達地，出幽入冥，為我關召，不得留停，有功之日，名書上清。」

訣二：二十八宿咒曰：「角、亢、氐、房、心、尾、箕、斗、牛、女、虛、危、室、壁、奎、婁、胃、昴、畢、觜、參、井、鬼、柳、星、張、翼、軫。」

訣三：北斗七星咒曰：「魁、勺、驩、灌、魓、甫、魒。」

訣四：十天干咒曰：「甲、乙、丙、丁、戊、己、庚、辛、壬、癸。」

訣五：五行咒曰：「金、木、水、火、土。」

訣六：十二宮咒曰：「子、丑、寅、卯、辰、巳、午、未、申、酉、戌、亥。」

若祭六甲壇下之紙已用完，筆補進新者，則畫符前應將紙、墨、筆、硯、水等皆敕以神咒為用，各敕咒如下：

敕紙咒：北帝敕吾紙，畫符打邪鬼，敢有不伏者，押赴酆都城，急急如律令。

敕墨咒：玉帝有敕，神墨靈靈，形如雲霧，上列九星，神墨輕磨，霹靂糾紛，急急如律令。

敕筆咒：居收五雷神將，電灼光華，納則一身保命，上則縛鬼伏邪，一切死活滅，道我長生，急急如律令。

敕硯咒：玉帝有敕，神硯四方，金、木、水、火、土，雷風雨電，神硯輕磨，霹靂電光芒，急急如律令。

敕水咒：此水非凡水，北方壬癸水，一點在硯中，雲雨須臾至，病者吞之，百鬼消除，邪鬼吞之粉碎，急急如三奇帝君律令。

敕咒畢，磨墨應用，術士正立六甲壇前，先進疏文禱之曰：「維歲次○○年○○月○○日○○時奉道茅山經錄弟子○○道師，謹以至誠祈求軒轅老祖，太上老君，茅山祖師，張府天師，五顯大帝，三山九侯及六甲壇列位神尊敕書○○符，賜於善男〈信女〉○○○命宮○○年○○月○○日○○時建生〈瑞生〉，供為佩帶，祈神恩深沐，下筆有神，弟子至誠至禱，匍匐上稟。」──此疏誦時不可搖鈴，術士双手合掌敬之，令畢作揖叩首，即可坐壇前畫符。

己、下筆畫符時，如符上有「」時，先寫左

邊「✓」時默念「一筆天下動」，寫中間第二個「✓」時，默念「二筆祖師箭」，寫右邊第三個「✓」時，默念「三筆兇神惡煞走去千里外」，如符上沒有「」者，下筆時必先念「天圓地方，律令九章，吾今下筆，萬鬼伏藏，急急如律令。」

符尾端有符架「」者，先畫「」時默念「左來天地動」，畫「丶」時默念「右去日月明」，畫「丨」時默念「一去鬼神驚」，畫「一」時默念「一筆川山過」，畫左邊「川」時默念

「三點照三點」，畫右邊「川」時默念「三點符靈驗」。

符胆「花字」則重疊寫在符架上，凡無符架之符，不可任意加符架、符胆，以免神怒。

庚、符畫好之後，所謂畫好，指所要之符，多種全一次畫完時，即可恰劍訣或金剛指敕符，敕時先劍訣或金剛指靠口前呼氣一口，用畢，則靠口前吸氣一口。

茅山敕符通用咒語如下：

一曰：「奉茅山祖師，賜我劍訣〈金剛鐵筆

指〉，指天天清，指地地靈，點神神顯聖，點人人長生，點符符靈驗。」念「點天天清」時劍指〈金剛指〉指向上，念「點地地靈」時則指向下，念「點神神顯聖，」則指向神位，念「點人人長生」則指人或自己胸口，接著念：二曰：「乾元蔭覆，玄運無偏，造化發育，萬物資焉，東西南北，任意安然，雲行雨施，變化不測，吾奉太上老君敕，急急如律令。」念此咒時劍訣〈金剛指〉中指指符，用力接觸到符紙才具有靈力。

劍訣指或金剛指不可亂指，手未清洗不可

指，以免遭神怒天責，符錞後，即可加蓋七星靈印〈七星印〉〈最好用玉製〉，化食者蓋一印焚化，貼、佩、貼者皆蓋上、中、下三印，蓋畢化一些金銀於壇下爐內，手執符在火燄上來回度三遍，再在壇上三支香上熏度三遍即告完成矣。

五、畫符之經驗

正坐神壇前畫符時凡道行高者，身上會發出靈光，尤其是額上，其符有不可思議之靈力，直不待言矣，但修得此靈異能力者，應隱藏不露，勿到處招搖，恐洩天機，會前功盡棄，悔之晚矣。

畫驅邪伏魔之類的符籙時，精神宜集中在與惡魔決鬥、斬煞消除上。畫愛情和合之類符籙，則精神在兩造求術者歡好上，畫財運符，則集中在錢銀財寶上，畫治邪解降符，則精神集中在受術者邪降災消，健康活潑上，餘類推即是。

六甲壇修練秘法

育林出版社

修煉術法，必設壇祭煉四十九日，祭煉期間紙、筆、墨、硃、硯及諸物皆呈六甲壇下，至功德圓滿之日，方可隨意取用。

祭煉六甲壇必擇六丁六甲日，於祭煉前十二日，即開始齋戒，備置諸物，於靜室設立壇場，以備修煉四十九日。

開始祭煉之日，壇上供祀物，點燈焚香後，即正立壇前，左手雷訣，右手箭訣，行踏罡步斗，儀畢，吸東方氣一口，吹黃紙上，畫符六道〈即筆符、墨符、紙符、硯符、硃符、水符各一道〉。畫畢起立，凝視符咒曰：「日出東方，赫赫氣洋洋，用筆筆靈，用紙紙方，用墨墨黑，用水水光，用硃硃赤，用硯硯汪，書庫鬼泣，書天雨滂，無禱不應，無求不詳，吾奉三山九侯律令」。每念咒一遍，即焚符一道投入丹爐內，六咒六焚後，接著畫混元符、六丁符、六甲符各一道，左手雷訣，右手劍訣取符焚化入丹爐，即可開始四十九日，每日早晚各一次之例常修煉矣。

紙四十九張，毛筆五支，淨烟墨一段，硯二個，硃砂一兩二錢，池一個，皆置於壇下。

修煉四十九日期間應齋戒，每日早晚各各臨

壇前，供祀品、點燈、焚香，依法祭煉。正立壇前，先念定魂定魄咒，接念淨口咒，再念淨身咒，土地咒，後念淨天地咒〈各咒皆念一遍〉，然後念混元咒七遍，咒畢，聚氣煉形，每日認真修煉，不可間斷。

定魂定魄咒

太上台神，應變無停，驅邪伏魔，保命護身，通達仙靈，智慧明淨，心神安寧，三魂永固，魄不喪傾，急急如律令。

淨口咒

丹朱口唇，吐穢除氛，舌神正倫，通命養神，羅千齒部，卻邪衛真。喉神虎賁，充氣引津，口神丹元，令我通真，思神煉液，道氣長存。急急如律令。

淨身咒

以日洗身，以月煉形，仙人扶起，玉女隨形，二十八宿，與吾合形，千邪萬穢，逐水而清，急急如律令。

安土地咒

此間土地，神祇最靈，通天達地，出入幽冥，為我關召，不得留停，有功之日，名書上清，急急如律令。

淨天地咒

天地自然，穢氣分散，洞中玄虛，晃朗太玄，八方神威。使我自然，靈寶符命，普告九天，乾羅恒那，洞罡太玄，斬妖伏魔，煞鬼萬千，中山神咒，元始玉文，持誦一遍，卻鬼延年，按行五岳。八海知聞，魔王束手，侍衛我行，兇穢消散，道德長存，急急如常清淨天尊律令。奉敕。〈作敕揖〉

混元咒

一身之主心元君，左有青龍肝元君，右有白虎肺元君，前有朱雀腎元君，後有玄武孔元君，好逸好樂脾元君，好遊好放魂元君，好動好靜元君，明之於目眼元君，聽之於聲耳元君，聞之於味鼻元君，好是好非口元君，好善好惡舌元君，三十六部齒元君，山林樹木髮元君，九江八海腸元君，五湖四海肚元君，曹漢路上開元君，五臟宮裡膽元君，能浮能清手元君，能沉能濁足元君，好和好合意元君，太極未判混元元君，父母未分氣元君，千千萬萬毛元君，元精元氣元神，吾心所屬盡歸真，煉己為神拔斷業根，超出天外，撞入虛空，有難來護，有事來成，如意變化，應候來臨，吾奉三山九侯祖師律令攝。

早晚祭煉，日採太陽之氣，夜採太陰之精，混元咒念七遍畢，聚氣煉形，即立壇前，凝視定息，瞑目思太極，不可他視〈作窮盡追思太古天地未分之前混沌之象，心無雜念〉，片刻行踏罡步斗，三台兩儀，步畢靜立，心中存想六丁六甲神將在前，經數分鐘之久方做揖離壇。

每日祭煉，功力漸深，在想丁甲神將時，感覺神將至，當功力深時，凝思之際，神將顯現，務必虔誠修煉，方能回回進步，敬將如父母，將使如奴僕，要威嚴端肅，不可虛慢，不然將怒不受命矣，未煉之前應預先以意候之，不然神將顯時，恐問答無措，以後推而用之，不可忽略也！

六甲壇修練步罡秘訣

踏罡步斗法

立壇前，左手雷訣，右手劍訣，先行三台而後兩儀，，即先立三台中生位，口念「三台生我來」，劍訣指憑空畫〃形鬼煞生〃，向右邊後退一步立養位，口念「三台養我來」，指憑空畫〃形鬼煞生〃，向前回立生位，再向左邊後退一步立護位，口念「三台護我來」，指畫〃形鬼煞生尸〃，轉身背神壇，向前斜跨一步立輔位，口念「星左輔」，指畫〃傑尸〃，再右移立弼位，口念「神右弼」，指畫〃　〃，即踏罡完成。接著步斗，轉身跨立壇前，面向壇，立貪位，口唱

「貪」，指憑空畫〃／〃，後退一步立巨位，口唱「巨」，指畫〃／〃，右移立祿位，口唱「祿」，指畫〃／〃，向前跨一步立文位，口唱「文」，指畫〃　〃，右移立廉位，口唱「廉」，指畫〃　〃，後退半步立武位，口唱「武」，指畫〃　〃，又退半步立破位，口唱「破」，指畫〃　〃，即完成步斗。初習者可畫式於地步煉，自能豁達貫通，步法、口念、指畫一氣呵成矣！

硃符

六丁符

踏罡符

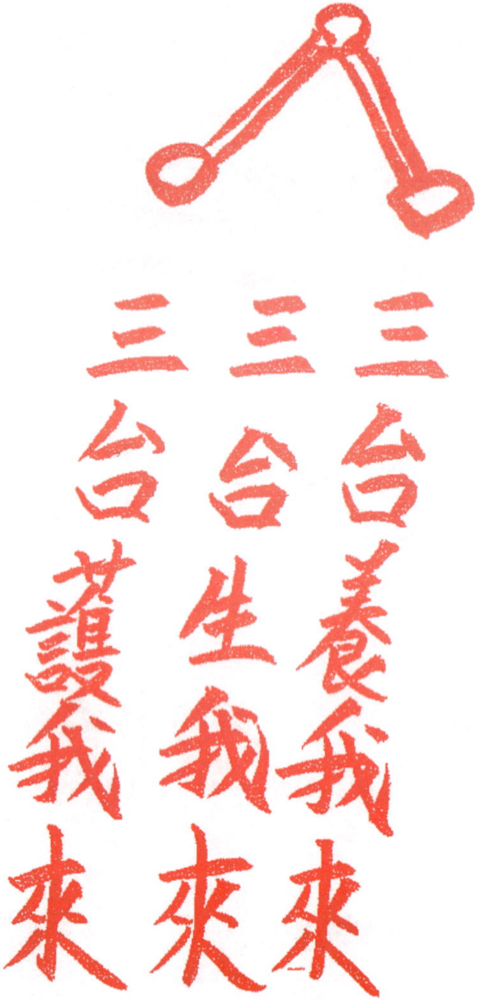
三台養我來
三台生我來
三台護我來

墨符

元
鬼
鬼
鬼

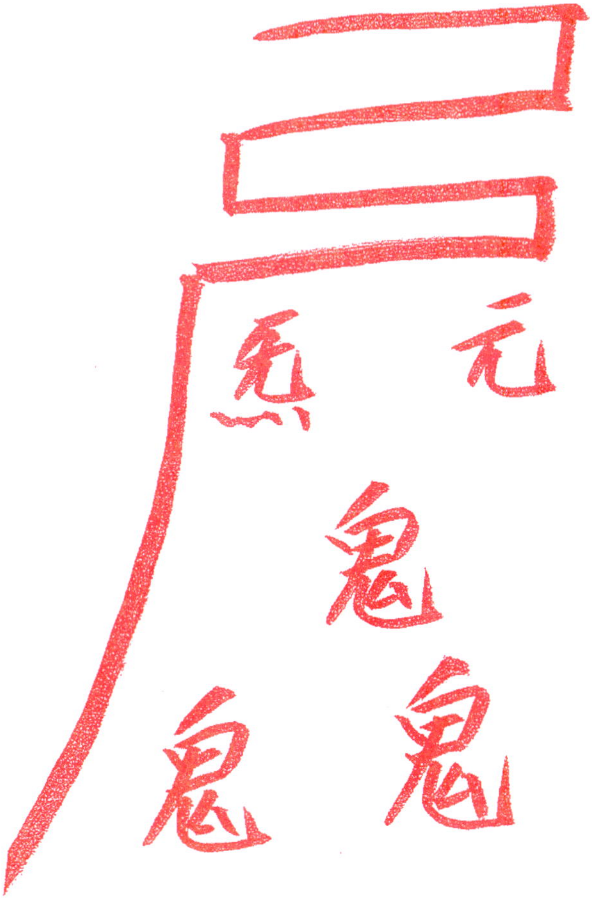

行步符

紙符

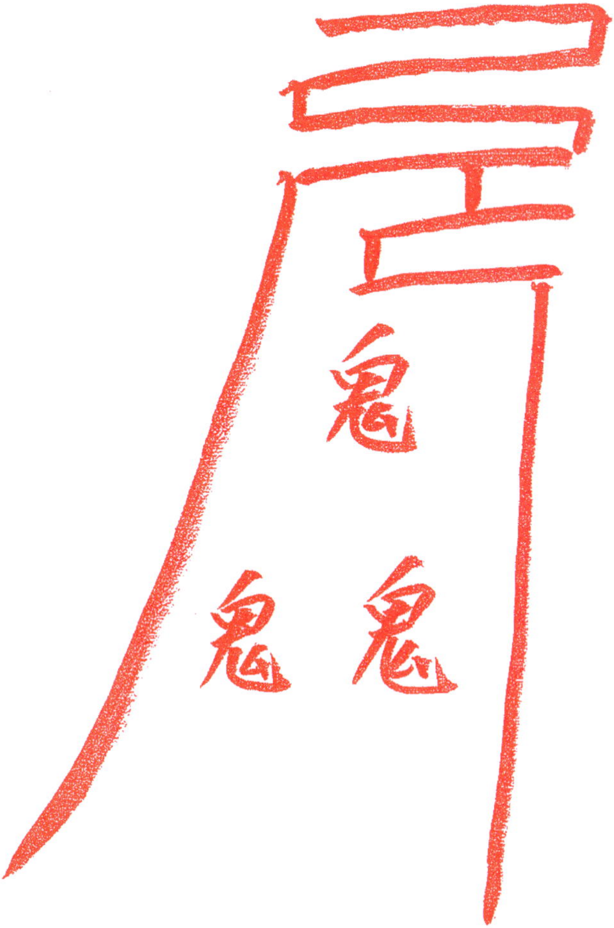

步斗式

步斗符

混元符

步罡符

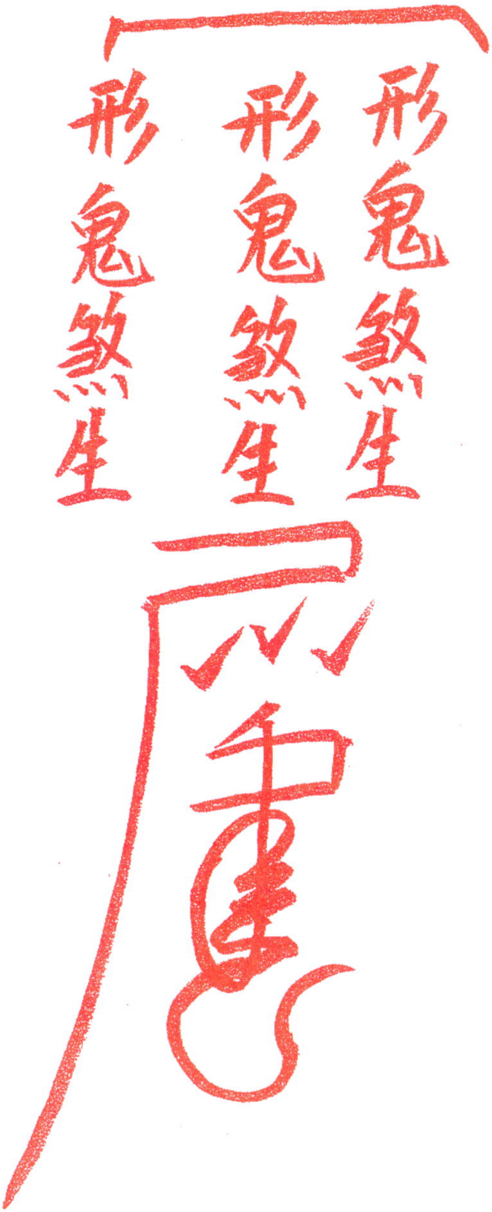

筆符

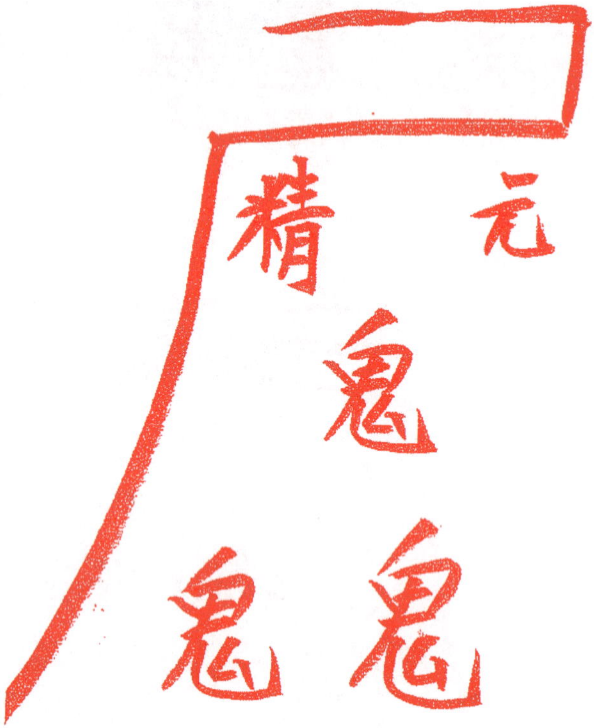

硯符

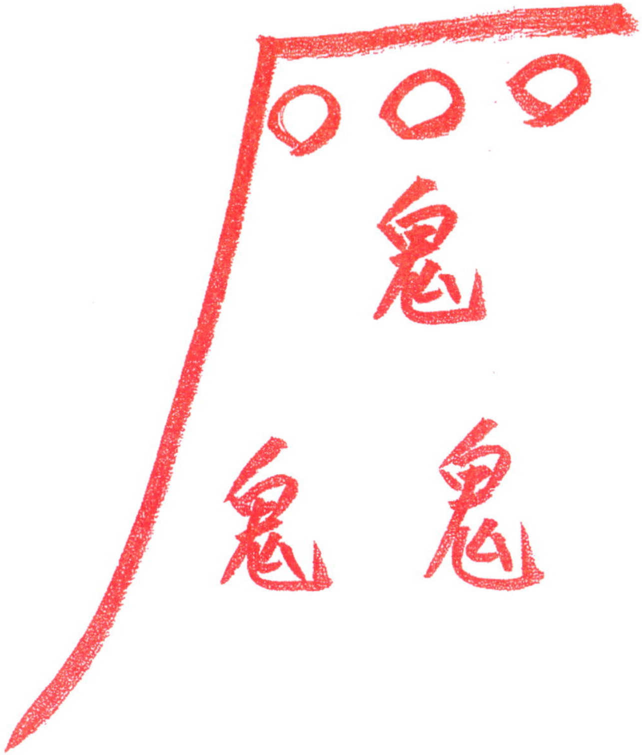

池符

六甲符

真傳行術口訣

施術作法，畫符行術之前，須先存極虔誠之心，備果品三碗、酒三杯於六甲壇前，點燈焚香禱拜，接著將下列六口訣各念一遍，然後方可畫符，依各術法施之即成，念六口訣時，手搖法鈴。

訣一　土地神咒：

此間土地，神之最靈，通天達地，出幽入冥，為我關召，不得留停，有功之日，名書上清。

訣二　北斗七星咒：

魁、鉵、䰢、䰢、魒、魓、魒。

訣三　二十八宿咒：

角、亢、氐、房、心、尾、箕、斗、牛、女、虛、危、室、壁、奎、婁、胃、昴、畢、觜、參、井、鬼、柳、星、張、翼、軫。

訣四　十天干咒：

甲、乙、丙、丁、戊、己、庚、辛、壬、癸。

訣五　五行咒：

金、木、水、火、土。

訣六　十二宮神咒：

子、丑、寅、卯、辰、巳、午、未、申、酉、戌、亥。

茅山收魂術

用米一碗，取受術者所穿的衣服一件包著，放在壇前，果品四碗，點香燈，術士正立壇前，右手持法鈴，邊搖邊咒曰：「清香遍法界，拜請收魂祖師降雲來，四大金剛降雲來，天摧摧，地摧摧，金童玉女扶同歸，收到東西南北方，收到中央土地公，本師來收魂，本師來收驚，不收別人魂，不討別人魄，收你信男／信女〇〇〇名，命宮〇〇年〇〇月〇〇日〇〇時建生〈女用瑞生〉之魂魄歸，備辦魂衣、魂米，拜請列位尊師助我來收魂，三魂歸做一路返，七魄歸做一路回

〈燒金紙〉，燒金燒化江河海，毫光發現照天開，收魂祖師下金階，神兵神將降雲來急，急如律令〈急咒〉。

仙人為我敕白米，祖師為我敕白米，白米敕起起，敕離離，消災解厄身無疾，〈停頓〉清香繞起通上界，三魂七魄收轉來，收魂三師三童子，收魂三師三童郎，莫食黃泉一點水，萬里收魂亦應歸，三魂飄飄歸路返，七魄茫茫歸路回，魂魄歸身自在，魂歸人清彩，收你〇〇〇三魂七魄回返來，〈急咒〉吾奉太上老君敕，神兵神將火急如律令，急急如律令。

咒祭畢，解開衣服，令受術者穿，並燒金紙，凡受驚致病即癒。

茅山驅邪鎮宅術

凡房屋鬼祟、怪聲、怪形或家門怪疾，不祥等事項，可用驅邪鎮宅符一道，在正門內焚化，持灰入碗內，加白酒三杯，用右手中指沾之，遍灑室內外，邊灑邊念驅邪咒，不計多少遍，咒至灑完為止，可驅邪安寧。

驅邪鎮宅符

驅邪咒：

天靈，地靈，無私神將，逐邪去怪，祟化無蹤，急急如律令敕。

祛解符

祛解神煞

畫祛解符一道，貼於房門上，祛解一切邪道。

消煞符

凡男女不淨，沖犯神門煞氣，畫消煞符一道焚化，與鹽水、茶葉各一杯，和陰陽水一盆，淨洗全身即安。

楊枝符

取陰陽水半碗〈一半冷，一半熟之河水混合。〉，術士左手持碗，右手劍訣，向東正立，咒曰：「道氣長存陰陽水，邪氣消散無形中，符化楊枝水，一點顯神功，吾奉太上老君，急急如律令敕。」硃砂畫楊枝符。

五雷符

帶茅山五雷神符一道，出入可避遇外盜及化急難。

茅山止兒夜啼術：

法一：取黑狗鬚七根，入小紅布袋密縫之，夜置兒背，即一夜止啼安睡。

法二：取野豬窩中茅草一株，置床席下，勿令兒母知，即止夜啼。

茅山止兒剃頭哭鬧術：

取購豬肉包紮之草繩一條，扭作團，右手取繩撫擦兒後頭七下，禁言談，片刻棄草繩，勿令兒見，即止剃頭哭鬧，奇驗。

茅山制蜂不螫術：

遇蜂立刻伏地默念〈不出聲〉制蜂神咒七遍，咒畢，即可從容行開。

制蜂神咒

土地神祇，五岳山神，八方神助，靄氣祥雲，火速降臨，扶危救傾，敕制蜂群，急急如律令。

茅山制飛蟲不入室術：

取紅辣椒三條，切開掛燈上，即絕飛蟲。

茅山懲治惡人神術

取其腳印土〈男左女右〉，做泥人一個，畫上五官，午夜十二時於密室作法，泥人胸前寫其姓名、生辰八字，另墨書引鬼上身符一道，貼泥入背，又用紙錢七張包泥人，以黑白線七條〈三尺長〉紮泥人，打死結，並以針七支刺入泥人胸部，即置泥人於地上，白布蓋之，點白燭一支，注視泥人咒曰：「陰靈，陰靈，厲鬼夜行，陰風一陣，牛泣犬鳴，喪魂失魄，針針穿心，遇咒咒應，遇鬼命傾，急急如律令攝。」咒七遍即熄白燭，每夜咒祭，一連七夜，術成，取泥人、白

布〈即第七夜五更時分〉，一起埋路口，勿令人
知，至要，其人即奇禍連連，不得善終。

引鬼符

解救法：取出泥人，拔針解線，去符，以黑犬血淋泥人。

天師真傳神術

煉此法預先養老猴一隻，飯食飼之，至通曉人意，令取物皆知時，即可依方備藥，令猴服食，戶部主事張憲忠授與老申服藥神方：九節昌蒲、地骨皮、茯苓、遠志、益智仁、麥門冬，以上六味各一斤十兩，正月初三購藥，五月初五合藥，七月七開始服藥，每日用藥末五兩，調飲食飼之，勿令猴知，經一月餘，猴能喉嗽矣，藥服盡之後，擇一無人跡到之靜處，建一小壇場，安「猴精形者」神牌一個，備果品五小碗，酒三杯、香、燭〈置如下圖〉，開始祭術，作法時先

點香、燭，焚淨壇符一道，然後引入老申，術士立法席咒祭，早晚各祭一次，

先面向「猴精形者」禱曰：「維歲次〇〇年〇〇月〇〇日，謹再拜告予猴精形者，念弟子〇〇〇即行，首日〈次日・・・五日〉法煉老申，伏望精神，使申通靈，得再拜，謹告〈三拜敬酒〉」，接著術士轉身向猴，念敕申咒曰：「老猴神，老猴仙，山之精，林之真，入山出谷，來往宜密情，〈急念〉猴神變形，猴精變令，火速施行，日月星光，乾元亨利貞。」每日早晚祭之，猴絕食，法煉五日，猴即亡，將猴埋

壇北，早晚改念敕埋申咒曰：「東方猴精速速降真氣，西方猴精速速降真形，南方猴精速速降真神，北方猴精速速降真靈。」〈念七遍〉，咒祭七日，老申精，精靈即現，唯術士能於集中精神時見之，此時可供指使矣，念移物、搬運皆可，施行時，焚呼召符一道，念淨召咒曰：「老猴精，老猴神，不離我形，有問即答，有取討即應，急急如律令。」咒七遍，念咒前先取一盆，黃布蓋之，注視之念咒，咒一遍即念〈腹語〉，「○○至○○處取運來○○物。」咒畢去布，物在盆中矣。施此術者不可貪念或做損德之事，否則會受惡果，切記！

佈壇式

奉　　　　　神　燭○

猴精形者　香爐○　水果　法師

請　　　　　位　燭○

用法：紅紙墨書安在北方。

淨壇符

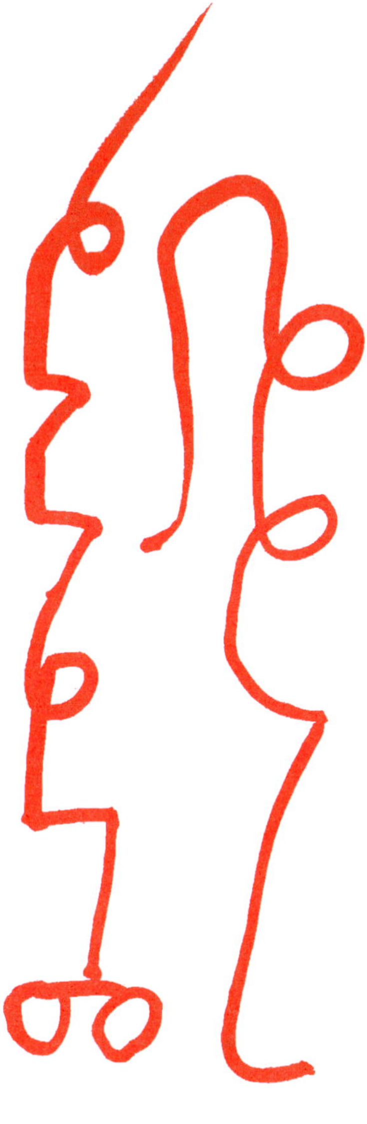

呼召符

茅山照水碗神術

煉此術法，先擇丁甲日，淨碗一個，底貼敕碗符一道，碗內置靈磁石一粒，黃布蓋碗，置六甲壇前，每日早晚各臨壇前，先行踏罡步斗，步畢，念敕碗咒曰：「水碗石靈，日月之精，火速顯真形，急急如律令。」咒七遍，祭凡四十九日，祭畢，用白雞冠血點敕碗符，碗內注入花草搖落之露水，即可開壇照水碗矣！

施術時，先問求術者姓名、年齡及所求何事，即焚香禱曰：「維歲次〇〇年〇〇月〇〇日，弟子〈信女〉〇〇〇本命宮〇〇歲，今因

○○事不明等因，求照水碗，以悉其詳。」即焚真形符一道投入碗內，黃布蓋之，令求術者集中精神，視碗聽咒，不可他想，術士即念敕碗咒四十九遍，取開黃布，求術者問字失物及一切不明等，皆能幻顯碗中，必禱之以誠方驗。

敕碗符

真形符

止血符

止血神術：止血符一道。

止痛符

焚止痛符一道，和陰陽水投之即止。

和睦神術：和睦符一道，暗置家中角落，即家庭和睦，秘密施之，勿令人見，奇驗。

和睦符

探井神術：取白雞毛三支，各投入井，如直落至，可下，如雞毛極難下落，即毒氣井，人下立死。

茅山七星補運術

流年不利，凶年運滯，施七星補運，大吉，求術者衣服一件，米三斤鋪盤內，油燈七小盞放在斗上面，置六甲壇前，法師早晚祭術，右手持天師鈴，邊搖邊誦疏文，誦畢，踏罡步斗，一連七日，燈不熄，至第七日，最後一回施祭，求術者必來持香立壇前，法師誦疏文，踏罡步斗畢，立刻取神玉印蓋衣領，令求術者持米、燈盤向神聖三山九侯叩首，持出壇外，七燈火與金紙焚化，衣令取回穿，米取回食之，七星補運梳文曰：「天恩蕩蕩，仰之則彌高彌遠，地德浩浩，禱焉而遂通遂感，僅伸下悃，信男〈信女〉命宮○○年○○月○○日○○時建生〈瑞生〉今值流年不利〈居家欠安／病苦在身／商場失意〉，祈求七星權解，補運大吉，賜福解厄由○○年○○月○○日○○時起至○○月○○日○○時止，七日七夜，通疏上界，庇佑安康，大運交脫，萬壽無疆，宏恩在造，祈上界般鑒。」

善信　　等全家　丁　口

俾暗重光　財寶廣進　使枯枝以再涸

謹　疏

上　聞

茅山流年改運術

逢流年不利，急於元旦日子時焚改運符和鹽米茶葉沖水服，改運大吉。

改運符

茅山神法妙智術：每日早晚各念化愚咒四十九遍，日九大智。

化愚咒

庵㢦囉㢦囉三㢦囉三㢦囉咽他利豔尾慓利耶尾慓利耶庵㢦囉室里洩姿姿。

茅山化兇反吉神術：法以白紙剪二紙人，各二尺高，粘以竹枝使能立，一作黑衣赤帽，立大門左，一赤衣黑帽，立大門右，令求術者取自己衣七件蓋左紙人，術士用改運符水灑洒衣上，求術者即以左腳在紙人前踏地十四下，即取下七衣轉蓋右紙人，灑洒後，令右腳踏地十四下，後將紙人和銀紙戶外焚化，七衣衣領皆蓋神玉印，令取回穿用，化兇。

太陰符神術：陰曆每月二十六日，夜持香三枝向西拜太陰星，拜後太陰符一道和金紙焚化，防家庭風波、色情、破財、謀事順序。

太陰符

伏魔符

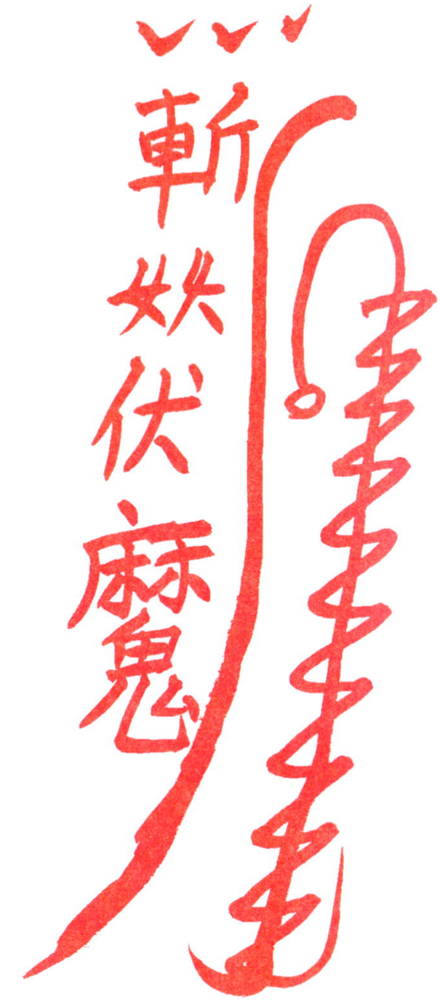

妖邪不侵硃書伏魔符帶身，即一切妖邪不侵。

茅山推銷售物必成術：硃書交易符帶身，即順利交易矣。

交易符

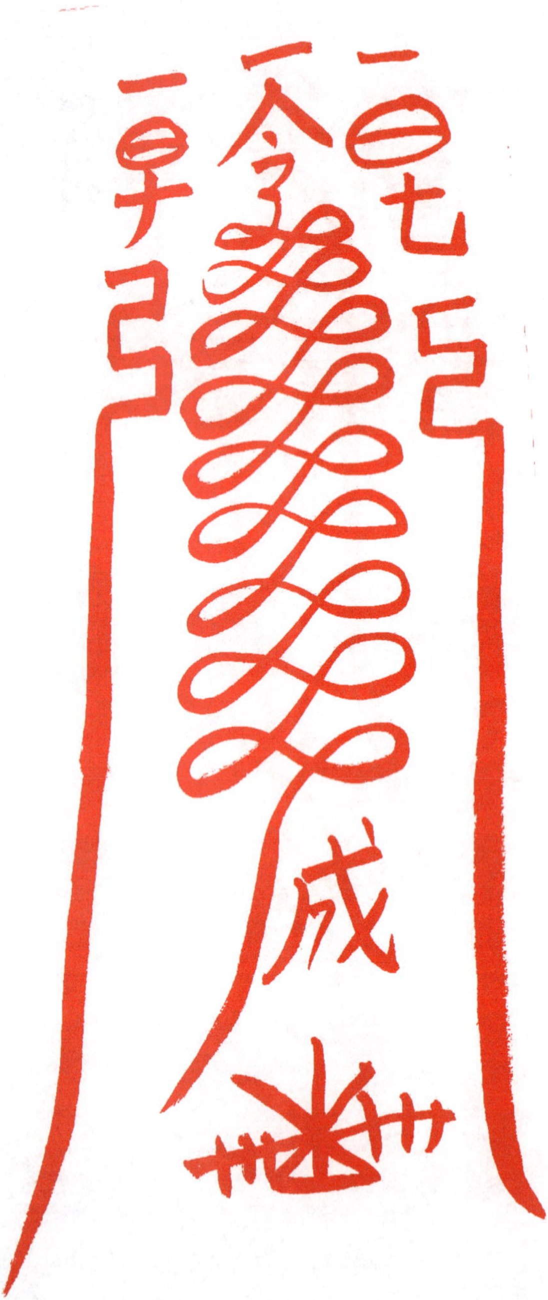

止蕩符

茅山蕩女從良術：硃書止蕩符三道，作三次服，不可令蕩女知，即止蕩從良。

茅山頑童變好術：硃書化頑童符，焚化暗令飲服，勿令童知，凡七次即可變好。

化頑符

茅山妖羅邪解除法：取黑狗鞭一條，浸米酒四十九日，取出曬乾，凡羅邪取鞭磨汁，令飲，即解。

萬靈和好術：白雌雄鴿頭頂毛各剪少許，焚灰作二份，暗令兩者食，任何六親不睦皆和好。

茅山太上感應神術

擇丁甲日齋戒沐浴，壇前置淨水一碗，早晚各臨壇前，踏罡步斗畢，左手恰十二宮神訣，右手劍訣指水碗，書「敕令太上台神感應」，即以劍訣指點水，抹前額四十九遍，抹畢，閉目存想遠地一目標，日久閉目如見目標實景，練四十九日畢，踏罡步斗恰訣，閉目即感應神通，見遠地而發生之事矣。

茅山萬應祝由術

法統治老少諸邪疾，夜晚施術，白紙剪紙人一個，高九寸，水果五碗，米一碗，碗中插筷子一支，紙人靠立米上，置壇前，求術著持香三支立壇前，法師右手持天師鈴搖響，邊誦疏文曰：「維歲次〇〇年〇〇月〇〇日〇〇時，信男〈信女〉命宮〇〇年〇〇月〇〇日〇〇時建生〈瑞生〉，今邪染在身，謹以至誠，祈求三山九候祖師〈三叩首〉解邪疾，丁甲神將速速遣遞，遇途陰邪，夜遊小鬼，神威合浩蕩，大道乎洋洋，神術祝由，即應即康，殷殷上疏再拜。」誦畢，踏罡步斗，儀畢，求術者插香爐內，迴避免觀，法師焚疏文壇前，連紙人送置十字路旁，點白燭一對，焚銀紙一些，任置道旁，不可取回，即術成，米一碗用飯一碗代用亦可。

茅山靈異符咒奪愛術

硃書合意符一道，踏罡步斗，念合心咒四十九遍，焚符，暗令對方飲，即奪得其愛矣，男女通用。

合意符

合心咒

天心合地心，地心合人心，人心合吾心，吾心合汝心，汝心合吾心，千心萬心，吾得汝心，汝得吾心，兩心化一心，一心合兩心，吾奉太上老君，急急如律令。

茅山吸引異性奇術

素女符

硃書素女符一道帶身，具吸引異性魔力矣。

茅山真傳流年災劫保命術

硃書災劫符一道帶身，平安免災劫。

災劫符

茅山高手上清秘術

接引上清貴人法，以紅紙墨書接引符七道，戶外供生果、茶、酒、焚香、點燭，立壇前，焚符一道呼「東方貴人到」，又焚一道呼「南方貴人到」，再焚一道呼「西方貴人到」，復焚一道呼「北方貴人到」，接著一次焚三張呼「財帛星君到，童男貴人到，帶財童子到」，焚畢，另燒天金，即上清垂賜，鴻運當頭矣。

接引符

庫官祈財異術

庫官一尊，擇日入神，以紅紙封神首備用，另擇成吉之日，以生鳩血調硃砂點神五官開罡，開罡後，庫官不能見日光矣，是故另備木盒一具，置已開罡之庫官在木盒內，關閉之，保持陰暗為合〈用柳木刻成〉。

法事於密室施行，勿令人見，以免影响修煉，每夜子時點白燭一支，焚香三支，由盒內出庫官施法。

庫官咒詞

陽居〇〈姓〉〇〇〈名〉，伏為求偏財法事，專稟陰間洞天福地，陰曹庫官，特伸以冥府通寶，替換陽間金銀財寶，祕施法術，焚化冥府通寶四百八十萬萬二十萬，納入陰間幽冥地府銀庫，祈求庫官更換金銀財寶，供吾陽間利用，功德無量矣，陽間居人〇〇〇，祈禱之至，謹伸。

首日煉庫官，誦咒詞一遍畢，方接念庫官換寶秘咒四十九遍，庫官換寶秘咒，每咒一遍，即焚化冥通錢二張，投入聚寶盒內。

庫官換寶秘咒

奉請陰曹庫官神，幽冥地府掌庫銀，十殿地府銀庫滿，洞天福地財寶盈，吾今作法祈庫官，冥府通寶換黃白，先化通寶充地府，陽間財寶換得來，陰間地府銀庫滿，陽間金銀滿庫開，天清清，地靈靈，陰曹庫官顯威靈，神通度化歸財寶，運換陽財億萬銀，急急乳如律令。

每夜子時，由盒內奉出庫官，點香三支，白燭一支，念咒，燒冥通錢作法，庫官前供酒一小杯，作法後，庫官奉入盒內，七日埋冥通錢灰一次，七、七、四十九日功法完滿，即可祈求偏財矣。

修成後，於成吉之日，夜子時，焚香點燭，奉出庫官，供酒一杯，咒之曰：「吾化冥通已圓滿，今宵祈求示通財，夢中顯示真福地，地寶黃白順運來，急急乳如律令。」咒一遍即可夢得指示，庫官於天亮時收入木盒內藏之，若一夜未得指示，可一連數夜求之，得指示即停止，若一連七夜未作指示，則下月份再求之，即得。

運得偏財後，要照樣再焚化冥通錢四十九日，方可再求得偏財，永遠可依法施術求財，惟宜虔誠叩求，認真作法，方得靈效，庫官所示乃本身者，不可轉告他人，至囑！

陰陽獸首賭符

擇丁或甲日，以象牙刻獸首一面，另一面刻賭博符三道，刻妥後，塗以辰砂，香上熏咒曰：「陰陰陽陽，陽陽陰陰，瑞首一面，靈符通靈，逢賭賭旺，逢博博贏，急急如律令。」咒四十九遍，即可去之人賭，必得贏也，每次臨賭皆要在香上熏四十九遍咒，方可靈驗，男女通用。

賭奕邪法

用老豬哥或老公豬陽具上毛一些，剪細，暗吹賭桌上，與女賭必可大勝也。

賭博符一

賭博符二

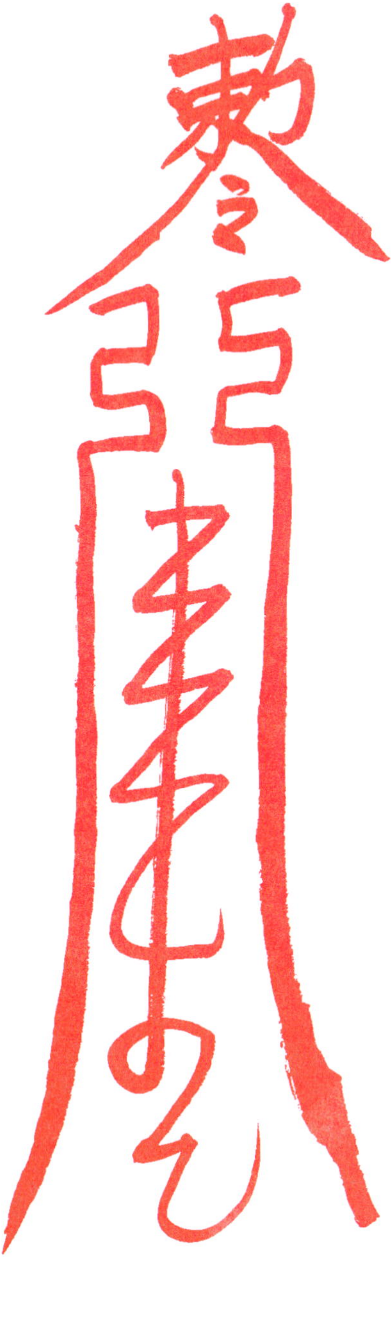

賭博符三

吳真人神符定風術

遇風暴，立刻黃紙硃書定風神符一道，投屋頂，狂風立止。

定風符

黃長房神法縮地術

相隔百里之兩頭土各取一升，鋪六甲壇前地上，中央硃書「千里一步」四字，左角書「道頭」二字，右角書「萬里」二字，擇丁甲日開壇祭煉，祭時左腳踏「道頭」，右腳踏「萬里」二字，左手雷印，右手劍訣，吸東方氣一口，念縮地咒七遍，咒畢，焚縮地符一道，每日早晚卯、亥二時，各臨壇前祭練，四十九日畢，土掃送長流水內，即術成，凡上路時，默念縮地咒一遍，舉足即覺處身百里外矣，奇趣。

縮地咒

一步百步，其地自縮，逢山山平，逢水水固，逢樹樹折，逢火火滅，逢地地縮，吾奉三山九候先生律令攝。

縮地符

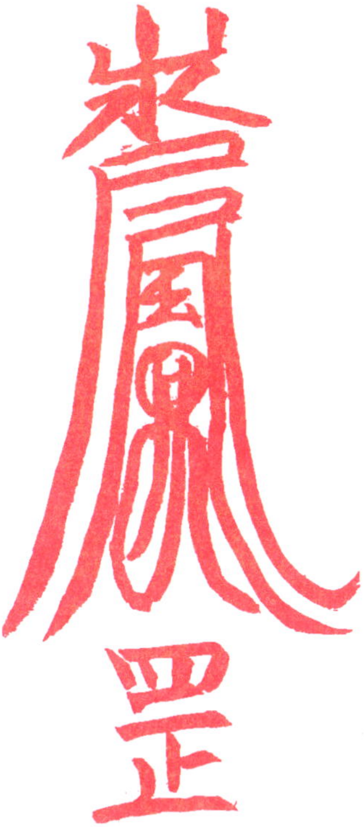

邢和璞預算人心術

修煉此法必擇丁甲日始祭，每日卯、午、亥三時各臨壇祭煉，左手掐訣〈午時掐午訣，亥時亥訣，子時子訣，〉右手執通心符一道，咒曰：「子、丑、寅、卯、辰、巳、午、未、申、酉、戌、亥宮神，掌訣點化，他心通法成，急急如律令敕」，咒四十九遍，每咒一遍，集神注視掌訣位，心境頓有所預感，四十九遍咒畢，焚符投入半碗清水服之，修四十九日畢，道成矣，預算人心時，如酉時遇人即掐酉訣，並集精神視訣位，念通心咒七遍，依心神預感道出即驗。

飛召符

呂洞賓玉房妙術

御女符

硃書呂祖御女符一道貼背，御女奇樂。

金鋼太陰指功術

金鋼太陰指功，為極陰毒之絕招，立志習練之前，必焚香當天重誓，誓曰：「維○○年○○月○○日○○時，立誓人○○命宮○○歲，歲次○○年○○月○○日○○時，建生／瑞生，今謹立重誓發願，修成太陰指功後，絕對不亂造殺孽〈取一杯擲地令破〉，如有違誓，當受天譴，有如此杯」。

修太陰指功，應具有內功根底，吐納術可當指功初步入門練法，有了基礎即可開始修練指功，用厚布一塊，二尺見方，縫袋內貯棉花，將袋掛空氣流通之密室，離地三、四尺高，每日早晚立袋前，距離約四、五尺遠，左手雷印，右手劍訣，集中精神，口輕閉，雙目凝視棉袋之一中點，行吐納呼吸，默想丹田所運之氣經手臂而達食、中二指尖，經二、三分鐘集神運氣後，開口吐氣，輕聲一吼，虛空向棉袋目標用力指去，如此堅持有恆的修練，早晚各練一小時，不可間斷，至棉袋手指能搖動時，即可漸向後退，以增加距離，至七、八尺遠，能指動棉袋〈練多久可達此境，視個人功力進展而定。〉即可修練指功第二階段矣！

指功第二階段寫指水練功，初用水一大碗置桌上，集中精神，運氣指碗水中，與指棉袋相同，最初手指指處水面即起水紋，每日早晚不停修練，功力漸深，由水紋而水面波動，進一步手指處碗內水面行成一凹洞，功力越深，凹洞也越深，至此將水碗放置椅上修練，最後將水碗置地上修練，至碗中水指處現深凹洞時，第二階段即告完成矣！

指功第三階段練法為改指固體物，取出棉袋內之棉花，裝入滿袋綠豆，懸掛修練，接著用沙袋，練至用石袋，練至十尺外劍訣指石袋，能令人猛烈擺動時，指功已具基礎，此時可進行第四階段，指功驗証。

指功第四階段主殺生驗証，初以動物如雞、狗等作試驗，至雞受指立死時，即用狗作試驗，最初手指狗隻，如被重物擊，然滾地於吠，巔跛奔走，練若干時日，指功到處狗隻慘叫數聲即死亡。至此太陰指功已練成，陰毒之極，若出指指人，應聲而伏，不得妄造殺孽，否則必遭天遣，至囑至囑。

太陰指功四階段約需十至二十年不間斷修練，方可成功，視個人功力進展而定。

葛長庚水面行走術

取雷驚木一段，修成一寸三分，長四寸六分，厚三分之木片，密室焚香，刻輕身符於木上，另蟾蜍血調硃砂依刻紋填上紅符文，置符六甲壇前祭練，每日早、午、晚各臨壇祭法，正立壇前，念臨淵輕身神咒四十九遍，咒曰：「茅山六壬地理仙，引我虛體渡深淵，天官、地官、水官，護我真形過湖海，元精、元氣、元神，六甲曲生，煉虛佐道，白日飛昇，步冰踏水，川河海洋，身舟泛浮，敕訣神匡，急急如律令攝。」咒四十九遍畢，雙手結輕身印，即十指皆直伸，指縫一一分離，只左右手兩拇指及中指指端各相接合，此時集中精神，行吐納運丹田氣，默想真氣充滿全身，此身已煉虛合道，空無所有，身輕化氣，如此默想一刻鐘方停，經四十九日祭練，即術成。行術走水，取輕身木符紮左手肘處，念臨淵輕身神咒七遍，雙手結輕身印，默想自己虛無重量，水則堅硬如冰，約經一刻鐘，已陷深催眠狀態，即開目視水，舉足踏向水面行去，至誠至具信心，即步行水面不沉，若臨睡水面亦不沉。

輕身符

太上感應修真秘術

太上感應修真秘術是嶗山道士所傳之神仙法術，修者持之以恆，潛心靜修百日，即可與神仙感應、聯繫，念咒施法，神仙在前，能未卜先知，排難解困，驅邪治痼疾，起死回生，辟害消災，乃至官非訟事，競技操勝等等，皆可助益，神奇莫測也。

太上感應所修持之神仙分壇修及帶修兩種，壇修功果廣泛，帶修則無往不利，方便修持，各俱異趣。

壇修者以真象牙刻八神仙為修持，帶身修者

則真象牙神仙尊像，終日帶身浮泛五湖四海，居無定處者皆便利修練也。

此術由來皆以真象牙刻神仙為修持，慨牙為血肉生長之物，易感靈氣，功果顯著。

牙刻神仙，備妥後，擇成吉日，以辰砂調白酒，點神仙五官七竅，開罡後，神仙置神案上，焚香點燈，供茶、酒，而後祭之，每日早晚修練時，先以香油點頂上泥丸穴，及抹双掌，跪誦煉仙咒詞一遍，煉仙咒詞曰：「昭昭日月，朗朗乾坤，浩浩皇天，漠漠后土，茫茫山川，攘攘紅塵，仙蹤雖遠，修持可期，真靈妙化，感應有極，潛心修持，共契仙機，預卜遠近之因由，仰賴仙真之垂示，禍福吉凶仗咎，端靠神仙之點化，是以修持太上感應神仙，以澄心靈感通，望神仙早降，以圓弟子之宏願，早證仙果，以匡末劫，萬千善功，願還三清，弟子虔誠上稟。」誦畢，再拜叩首，起而立之，双目注視神仙五官七竅一遍，化感仙符二十四道，若只修一神仙尊像，則只化感仙符三道，化符後念感仙咒二十四遍〈修神仙尊像，則念三遍〉，感仙咒曰：「虔誠請神仙，神仙降人間，吾今三祈請，神仙現眼前，與吾共契機，感應須臾及，通達仙靈唯一念，一念相應仙可期，點化世間萬般事，救苦救難化頑愚，〈壇修八神仙者接念〉叩請仙宮桃源洞，東海首郡是真仙，李公鐵拐、漢鍾離、呂公洞賓、韓湘子、曹國舅、藍彩和、何仙姑、張果老，公明正直顯靈通，傳夢尚書范太保，作詩作賦斷吉凶，陰陽禍福無私告，不分高下與貴貧，一一件件分明報，靈感聖跡眼前顯，有求皆應無不從，回向作急降塵世，先時報兆顯名聲，弟子焚香虔拜請，神仙親身齊降臨，天高高，地遙遙，海天萬里來飄飄，不為人間酒，有如王母獻蟠桃，與汝共同作神仙會，相隨永結歲寒交，再請仙童達洞府，投身弟子願皈依，頭上插花迎仙呂，急急歸來赴壇庭，急急如律令。」〈如是帶修一神仙尊像者，則不必念上接之八神仙咒，只接念下咒即可。〉「天靈靈，地靈靈，水靈靈，火靈靈，天地靈靈，水火靈靈，謹請神仙來隨我身，或是或非，或吉或兇，早降垂示報分明，急急如律令。」

如此早晚祭煉，一連百日，即術成，但念感仙咒，神仙即降面前，若求神仙啟示，皆聽得神仙密語告知一切奇驗。

茅山戀情符

茅山戀情咒

天清地靈　佳人行處　步步來遲　吾今一劍
願汝返回　結成一塊　戀成一堆　吾奉三山九侯
仙師勅　神兵火急如律令

用法：取意中人左右腳印中土各一小搓，和水做二個橢圓形泥片，一片墨書女名，一片墨書男名，合置壇下早晚各祭煉一次，並各唸返步咒七遍，焚符一道，呼女數聲存想女之服前，祭四十九日畢，乾泥片分置自己左右腳鞋內。

茅山九姑和合符

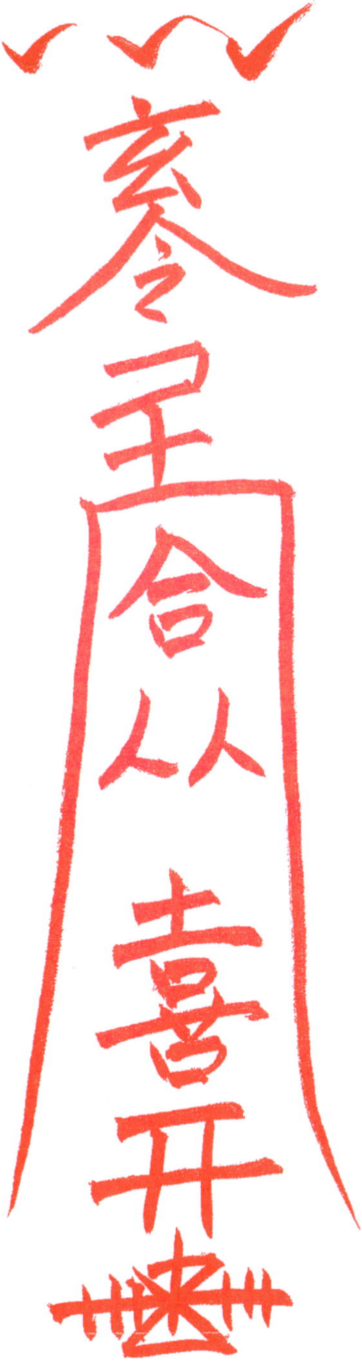

用法：黃紙墨書每天一道。

茅山九姑和合咒

天地陰陽　匹配成雙　乾男坤女　神法坦蕩
紅線結繫　合對成雙　急急如律令

用法：紅紙剪男女紙人各一，畫上五官，並書兩造姓名，生辰八字，將紙人面對合，以尺餘長紅線七條纏繞，紙人打結，置壇下，每日早晚祭煉，焚化符一道，念咒四十九遍，祭四十九天後，埋紙人於花下，即成。

追魂奪愛咒

天追　地追　即追XXX（受術者名）速與XXX（求術者名）三魂七魄感應歸　歸合一體心合意法引和合兩美全　急急如律令攝

追心和合咒

天猜猜　地猜猜　祕法追心意合來　來追XXX
與XXX和合在　感應和合兩無猜　急急如律令攝

茅山天網符

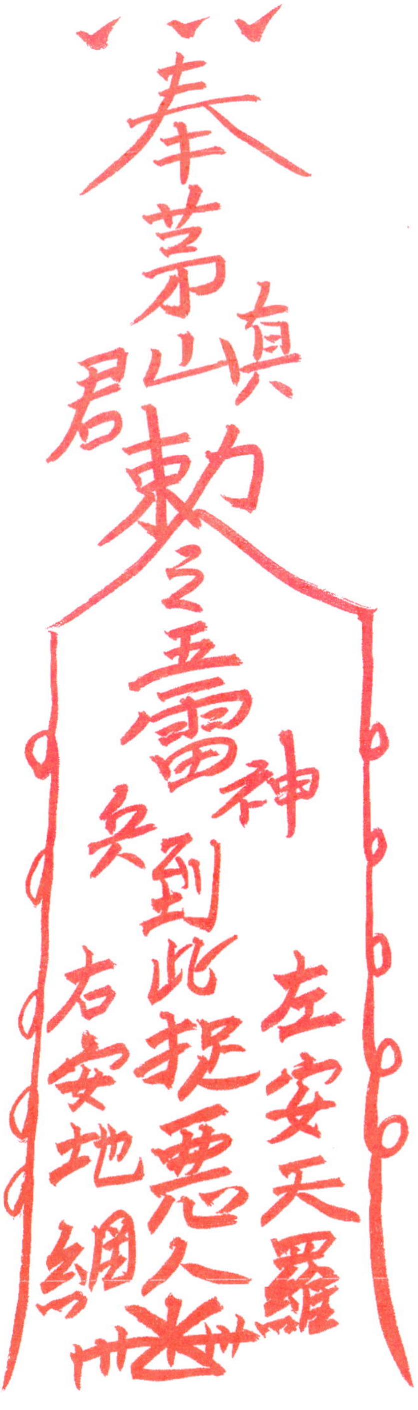
奉茅山真君勅
之五雷神兵到此捉惡人
左安天羅
右安地網

用法：黃紙墨書化路口。

茅山天網咒

天網網　地網網　祖師壇前助吾佈天網　排兵起馬守在天網中　聽吾令　列位諸神聽吾旨　聽吾喚　四大金剛照吾旨令　領兵領令　速擒捉邪師三魂七魄到網中　來受刑　吾奉茅山法主急急如律令

土地合緣符

用法：男女不和夫妻緣淡，可用此符，黃紙墨書一張燒化放床底或枕頭下，一張化飲。

陰兵聽令符

用法：咒用一般和合，但須先萬應公廟勅符，並借陰公幫忙，一道化金爐其他六道令求術者帶給受術者喝，三天一道。

茅山降神符

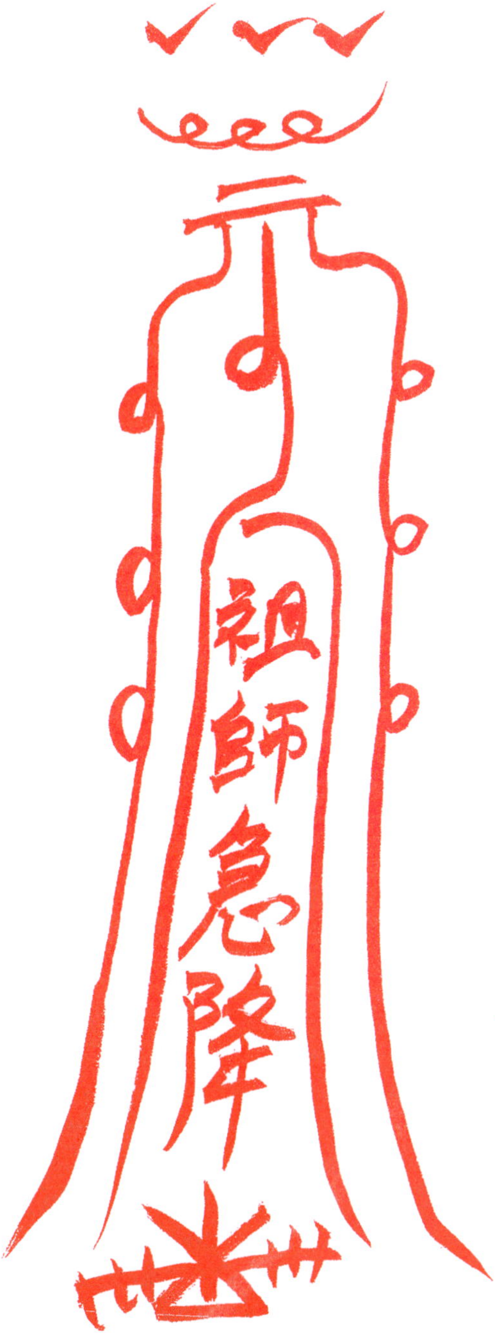

用法：黃紙墨書化在香爐內。

茅山通神符

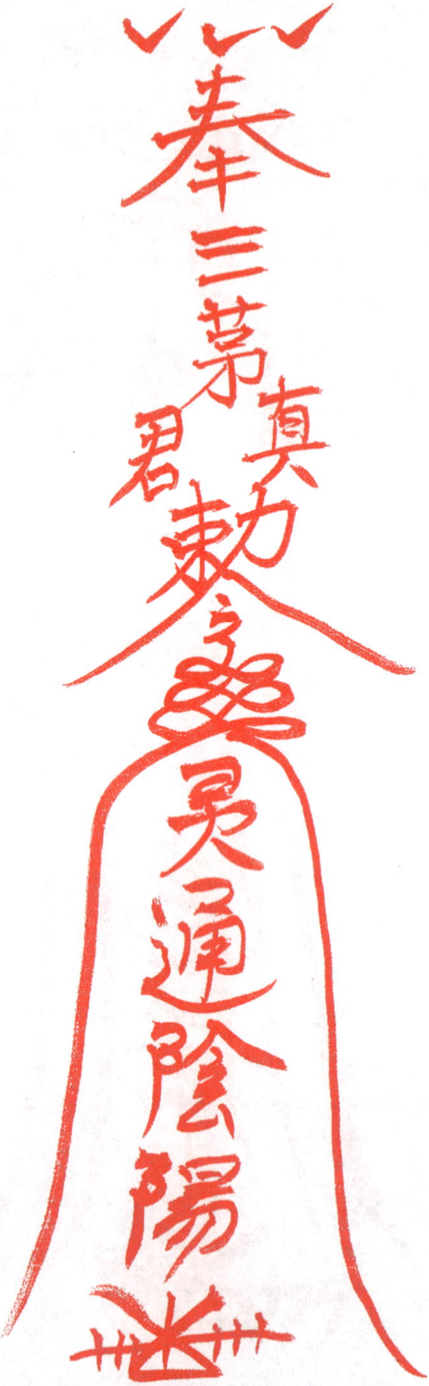

用法：黃紙墨書化爐。

通神咒

咒語：

天靈靈　地靈靈　水火靈靈　乾坤合體　神人通心　太極混元　心境冰清　神明急降　即降神明　般般默禱　降吾壇前　神人合一　萬法歸真　奉請茅山列代宗師　三山九侯仙師　上下茅山法主急降來臨　急急如律令

指法：集神指

步罡：步罡踏斗

用法：施法請神用，焚化符九道，法師入坐壇前，唸降神七遍，神降全身抖動，停唸咒供求術者問事。

李鐵拐導神出遊術

鐵拐符一道，貼胸口，靜坐密室，兩手握拳分別置左右膝上，頭正而微垂，眼輕合，肩平背直，心中默想生平曾遊歷之名山大川，露泉古蹟，默想神魂離體，一路而去，至目地必經各處，一一思憶，片刻陷入失魂狀態，心如止水，但覺魂遊美境，心神極為快感，久之復作歸思，沿途悠然而返，魂歸即醒，導神出遊術可除煩悶，心神愉快，每日修煉一回，日久成天眼通。

鐵拐符

天皇神咒修真術

修持道術者，凡丁甲日卯時，焚香立六甲壇前，默誦真咒四十八遍，持之以恒，日久即修成正果，徹悟玄關，入極精妙法門矣。

天皇真咒

天生雲龍，道本上昇，張烈正氣，灑於太清，輔弼正道，行於正平，六甲洞元，九天超形，福祿子孫，先行自真，次及人皇，人敬長生，六丁九氣，秘密真成，敬之終吉，昊天貴名，久之道妙，身體常亮，聞此真句，與道合真，急急如元始天尊律令。

制羅猴符

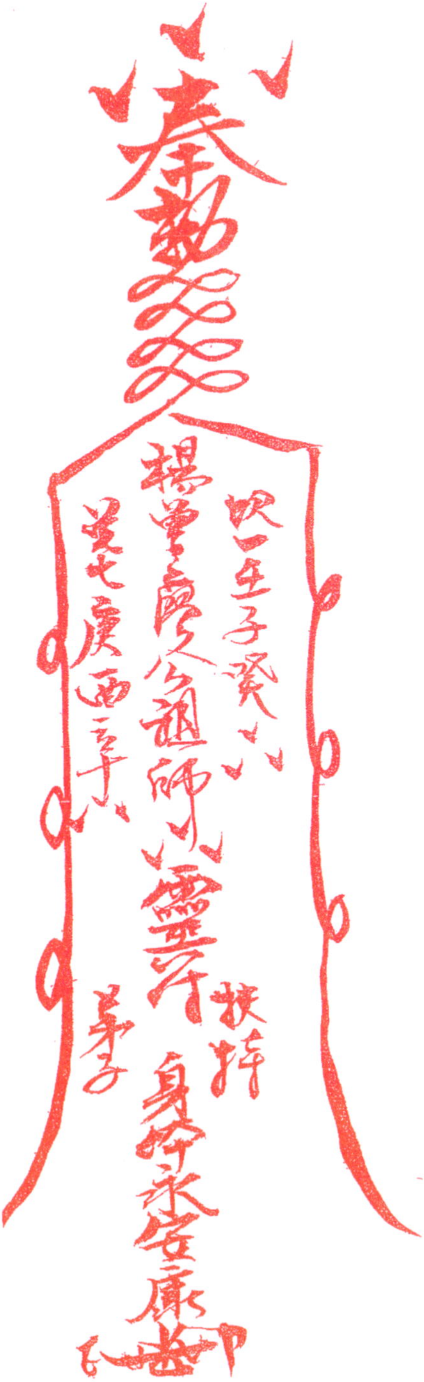

用法：黃紙墨書帶身。

斷鬼符

用法：黃紙墨書帶身。

治白蟻符

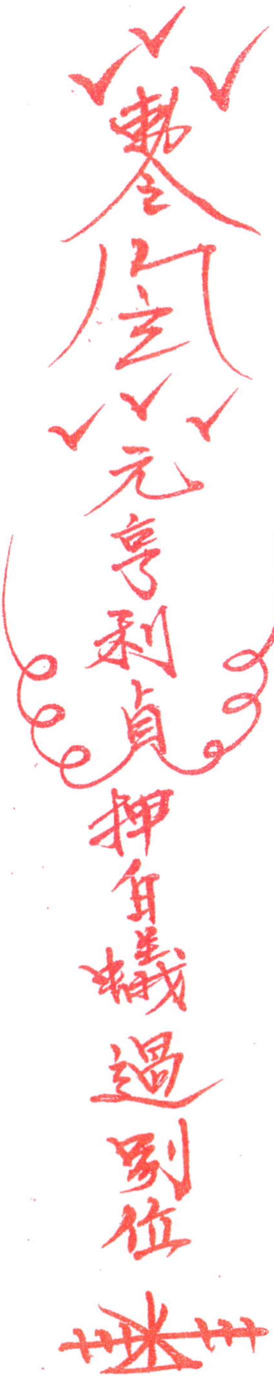

用法：黃紙墨書貼在門上。

見怪護身符

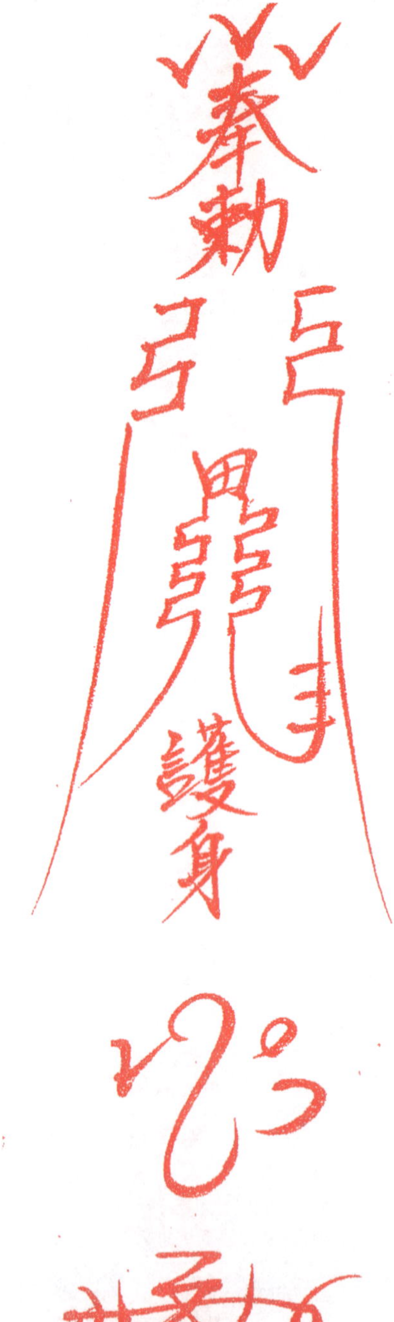

用法：紅紙墨書帶身。

病人護身符

用法：紅布墨書病人帶身

康元帥鎮煞符

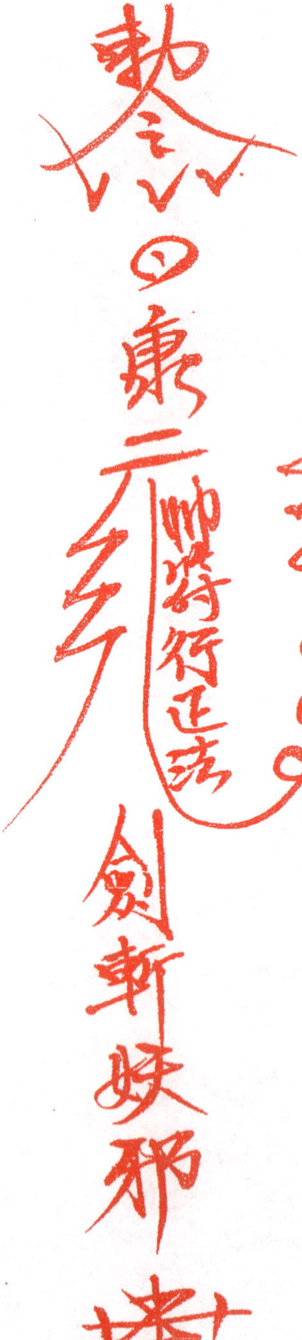

用法：黃紙墨書貼窗戶或上。

治顛狂邪煞符

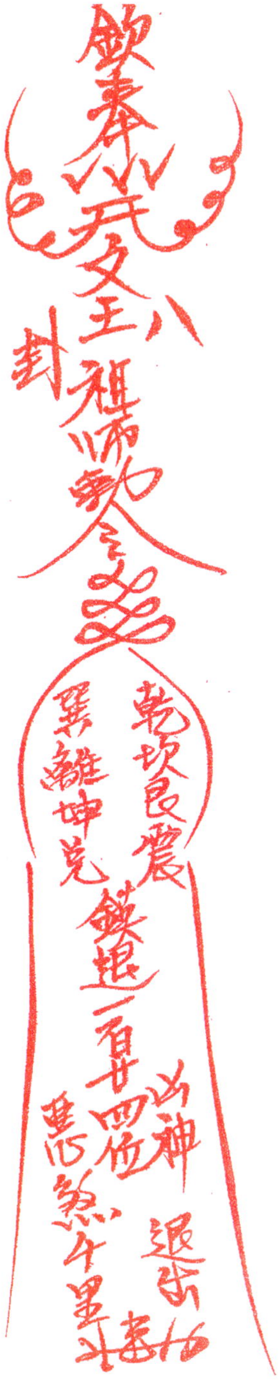

用法：黃紙墨書化飲。

治百病符

用法：黃紙墨書化飲。

治喉閉破病符

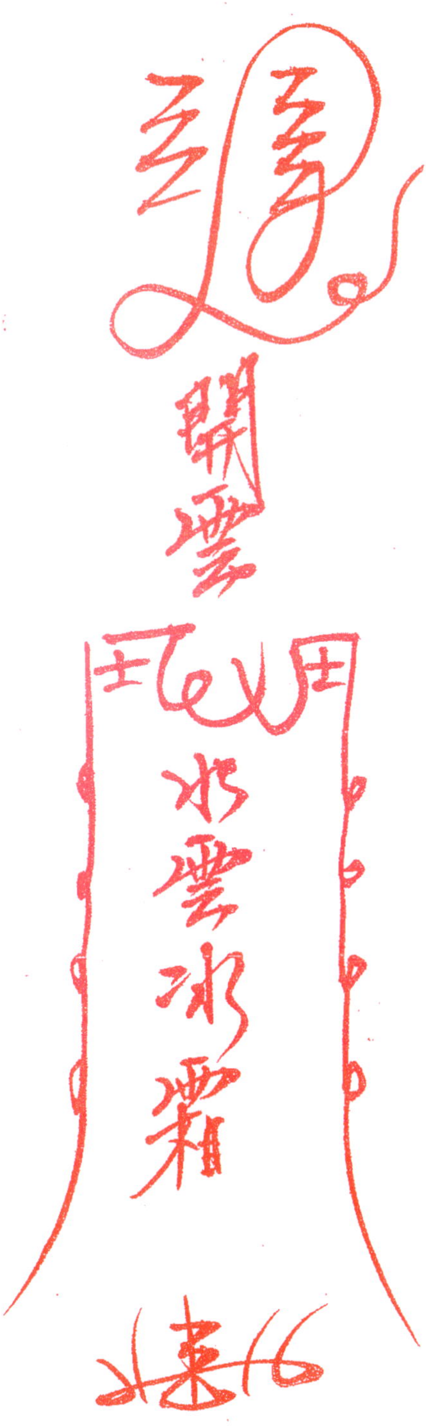

用法：黃紙墨書化冷水飲。

趙元帥鎮煞符

用法：黃紙硃書貼門上。

清涼符

用法：黃紙墨書化飲。

五雷符

用法：黃紙墨書帶身或貼門上。

洗清淨符

用法：黃紙墨書加艾草化洗

收三十六煞退陰太歲符

用法：黃紙硃書貼門上。

退癀符

用法：黃紙墨書加藥塗。

趙元帥收邪符

用法：黃紙硃書貼門上。

封山符

用法：黃紙墨書化入山處。

收斬陰邪符

用法：黃紙墨書安門上。

治狂顛符

奉茅山法令勅
元辰定邪不侵犯

用法：家中不順或本人被邪符侵犯時，可將本符以黃紙墨書，加紙人替身燒化於河邊即可。

治顛狂咒

天清清　地靈靈　吾奉太上道祖令驅妖邪　滅鬼怪捉捕鬼怪精　三山五嶽諸神祇聽吾令　速降臨助法靈靈　天煞歸天去　地煞入地藏　無知惡鬼不知名　聞吾開聲走無停　押退凶神惡煞函外分　咒到奉行　順手安寧　吾奉太上老君勅令　神兵火急如律令

用符禁忌：去風化場所或酒後，夫妻圓房不可書此符。

指法：八卦指　　布罡：丁字步

用符日子：合日　　用符時辰：子時

燒符方位：客廳向外燒

收元辰符

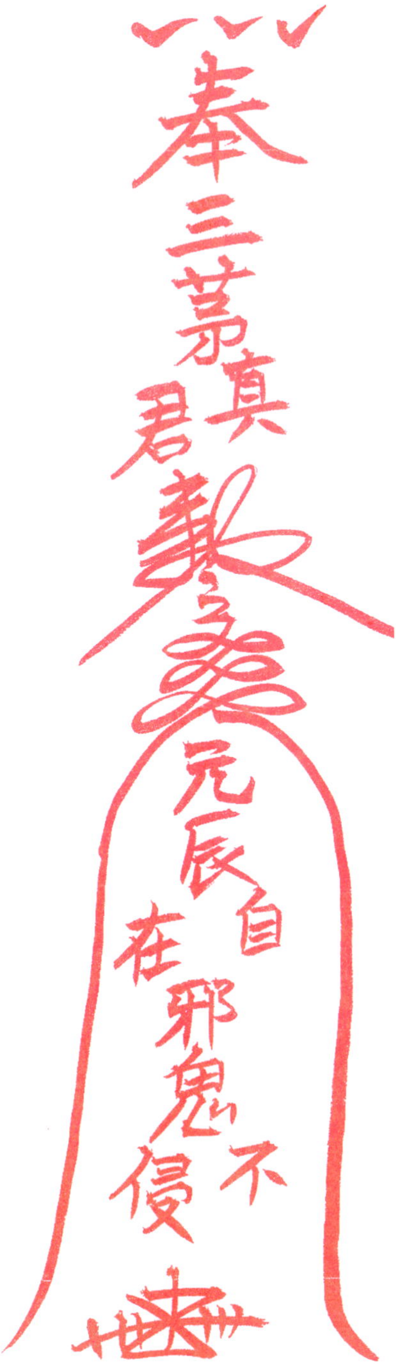
奉三茅真君
元辰自在邪鬼不侵

用法：元辰弱常有鬼邪侵犯，可用本符配八卦咒三遍，勅符帶身黃紙硃書。

收鬼火符

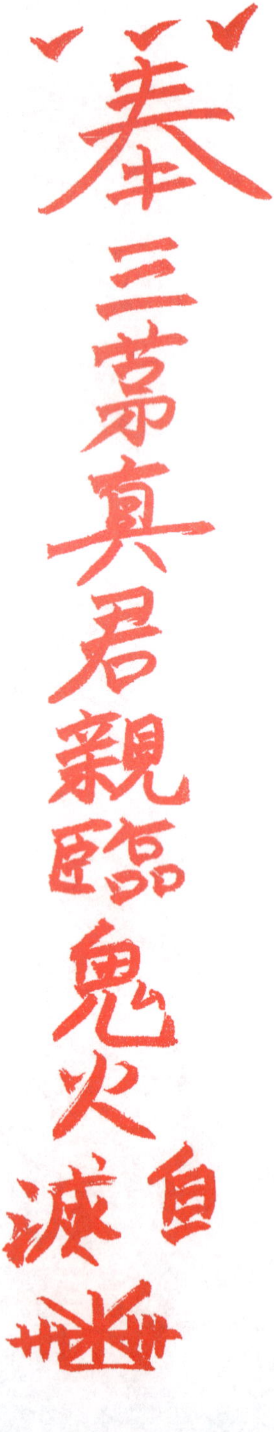
奉三茅真君親臨鬼火自滅

用法：家中有鬼火出現，本符七道做七次燒門口及客廳中央，鬼火可自除，黃紙硃書。

茅山祭天掃符

用法：符黃紙墨書貼一支新掃把上，咒語七遍。

茅山祭天掃咒

天掃掃　地掃掃　拜請仙祖下凡　助吾祭天掃　掃去千邪萬妖　發去　急急掃往它方外里去上掃諸凶神　天掃掃天殺　掃去萬煞無留情　吾奉茅山法主勅令　神兵火急如律令

茅山祭地掃符

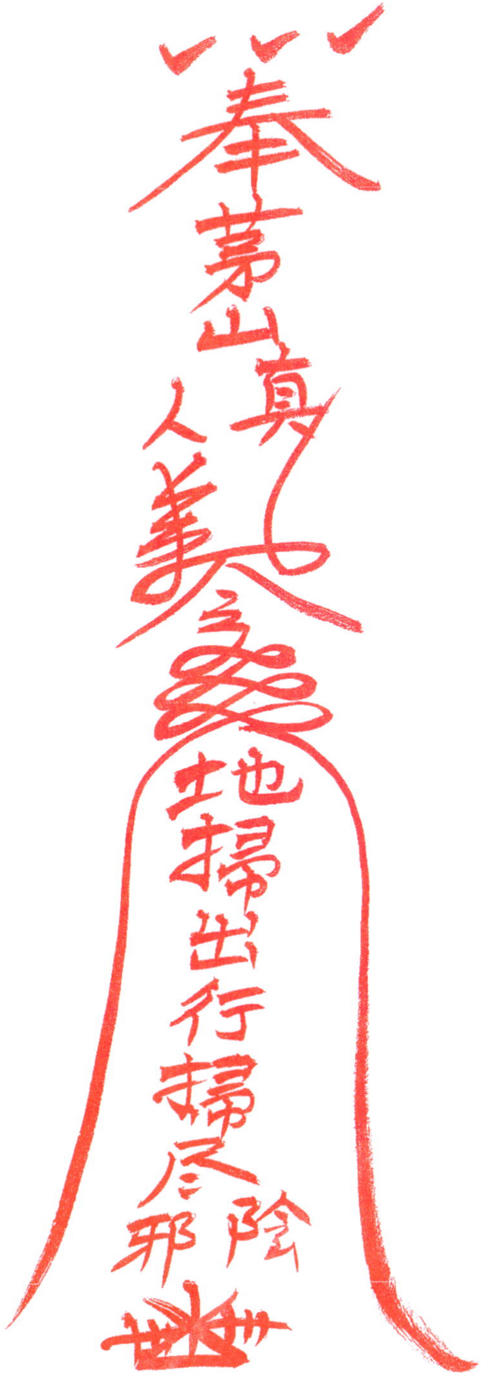

用法：符黃紙墨書貼一支新掃把上，
咒語七次。

茅山祭地掃咒

天催催　地催催　祖師帶兵帶將　助吾祭地掃滿地飛　上破天羅三十六　下掃七煞鬼　掃去清　掃去明　掃得邪魔鬼怪　萬世不能超昇　吾奉茅山法主勅令　神兵火急如律令

茅山天羅地網符

用法：黃紙墨書化路口。

指法：天羅指。

茅山天羅地網咒

天昌昌　地昌昌　拜請茅山法主帶兵帶將佈地網　六丁六甲隨吾轉　天兵天將領吾令　神兵神將聽吾喚　上佈天羅　下佈地網　四門佈起　雷電天神　電母電神鎮四方　四大金剛把四門　速速隨吾鎮　天羅地網　擒捉惡人XXX送到天羅地網內受刑　吾奉茅山法主勅　神兵火急如律令

茅山安魂定魄符

用法：收驚時，念咒三遍符黃紙墨書帶身。

茅山安魂定魄咒

天朗朗　地朗朗　拜請茅山祖師法朗朗　收
起乃乃三魂七魄連人返　祖師壇前用水碗　祭起
收魂大法令　急收急搶　X壓XXX三魂七魄　看魂
米帶路　收魂折魄到　急急如律令

茅山太極符

用法：黃紙墨書化在香爐內。

茅山太極咒

二儀交泰　五氣混凝　神集守氣　氣集乎神
形神澄澈　法法鬱鬱　玄玄冥冥　丹田通暢　碧月
黃庭　吾奉茅山法主勅　神兵火急如律令

茅山法力增強符

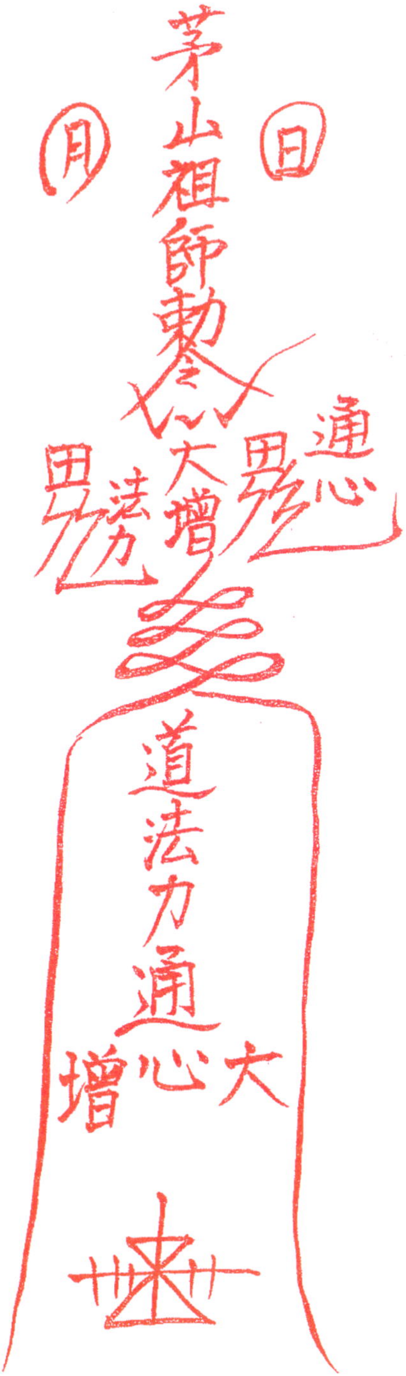

用法：黃紙墨書每天晚上子時化飲。

茅山天羅地網調回符

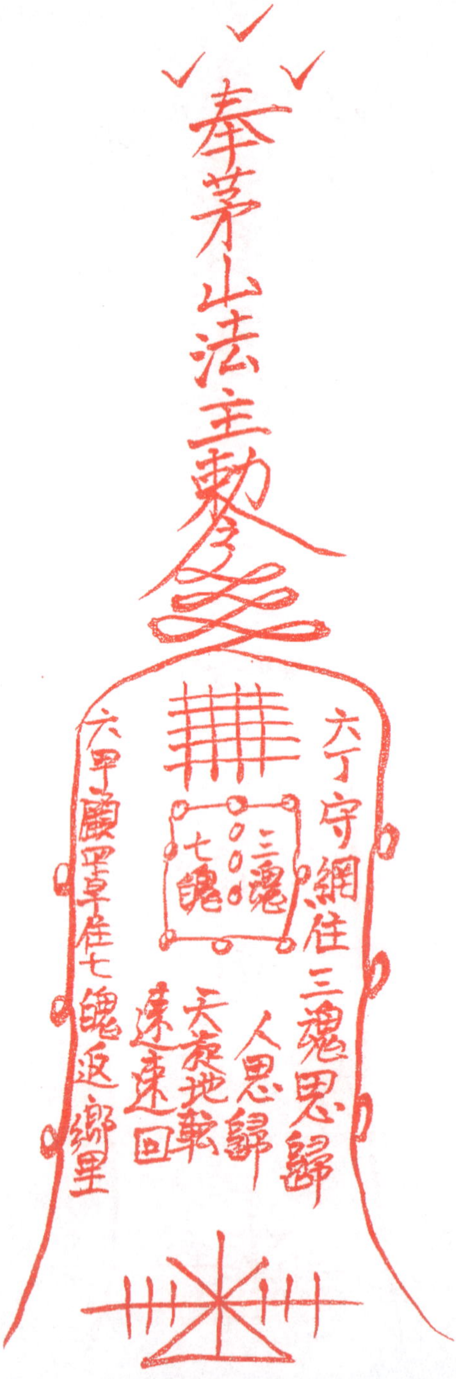

用法：黃紙墨書化路口。

茅山淨百事吉祥符

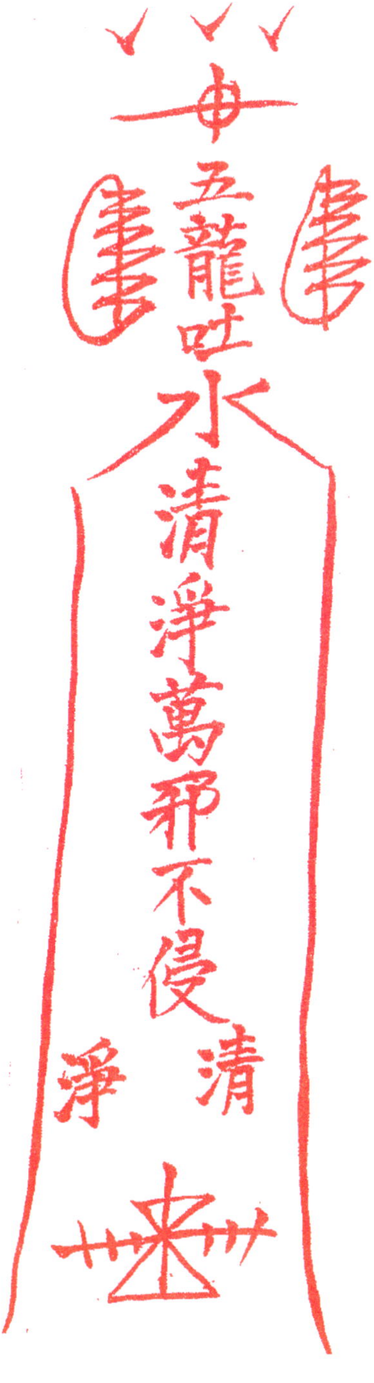
五龍吐水清淨萬邪不侵
清
淨

用法：黃紙墨書化洗。

茅山治陰症符（一）

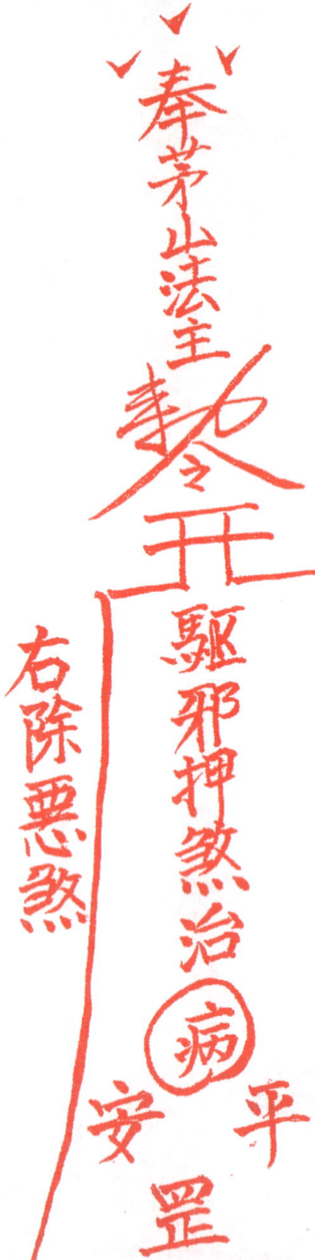
奉茅山法主
左斬凶神
右除惡煞
驅邪押煞治病
安
平
罡

用法：黃紙硃書化洗。

茅山治陰症符（二）

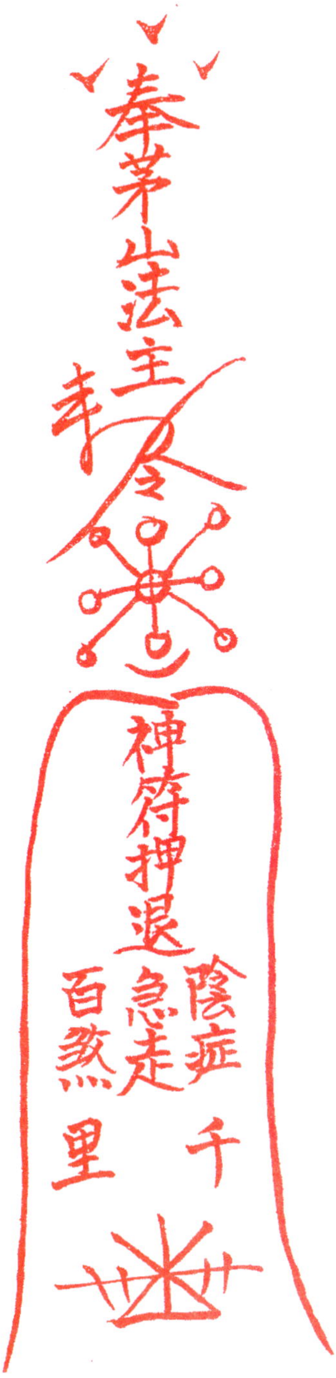

用法：黃紙硃書化洗。

茅山旺財庫符

用法：黃紙硃書加貴人金大小百解化。

茅山神功修練符（一）

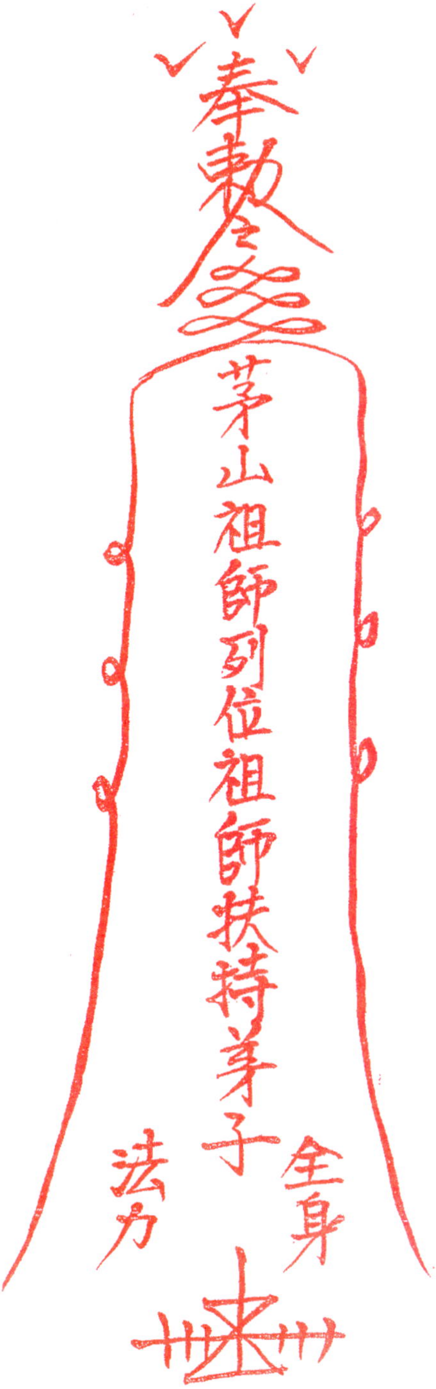

用法：黃紙墨書化飲。

茅山神功修練符（二）

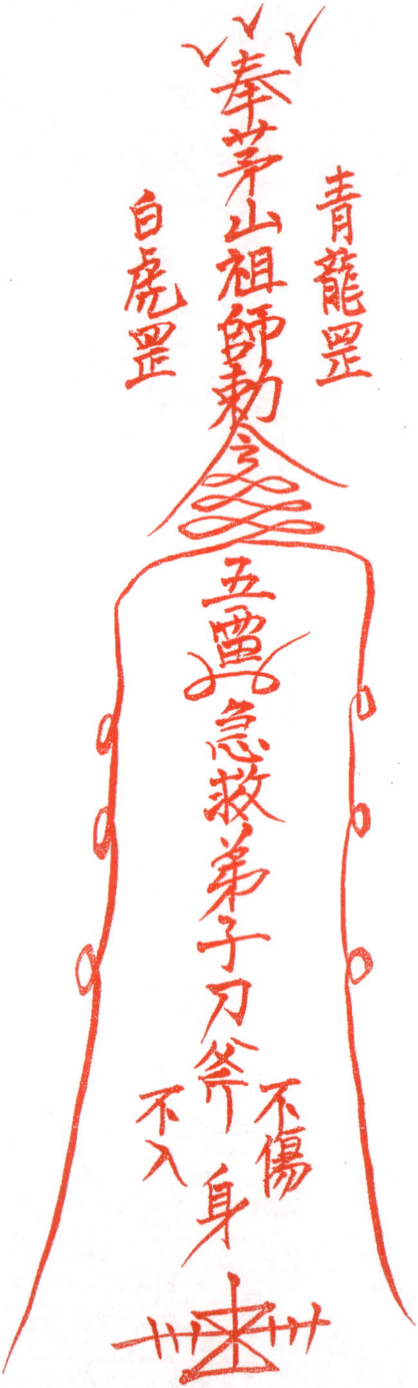
奉茅山祖師勅令
青龍罡
白虎罡
五雷急救弟子刀斧不入不傷身

用法：黃紙墨書化飲。

茅山神功修練符（三）

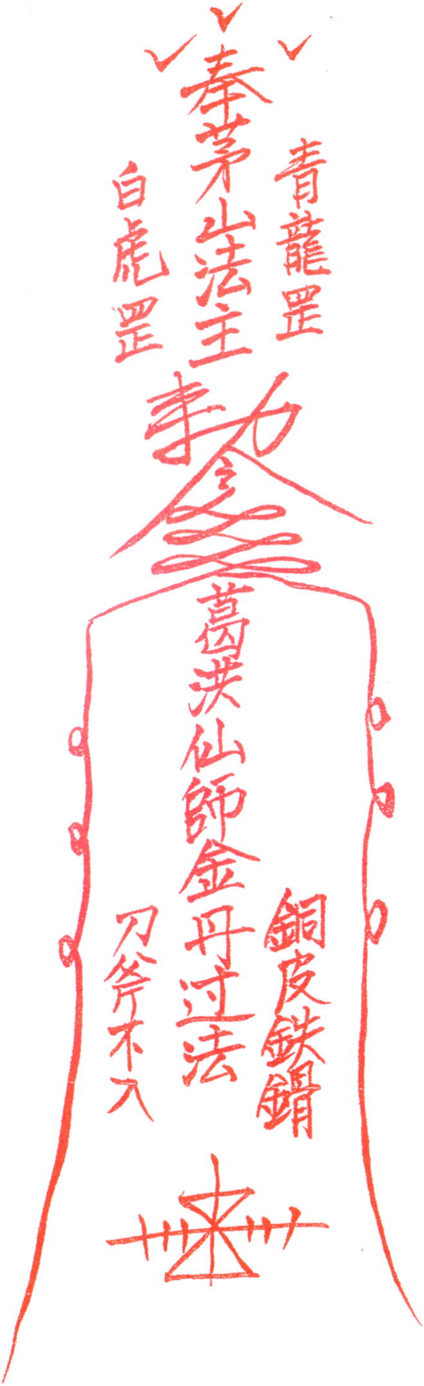
奉茅山法主
青龍罡
白虎罡
葛洪仙師金丹过法
銅皮鉄
刀斧不入

茅山神功修練符（四）

茅山神功修練符（五）

茅山神功修練符（六）

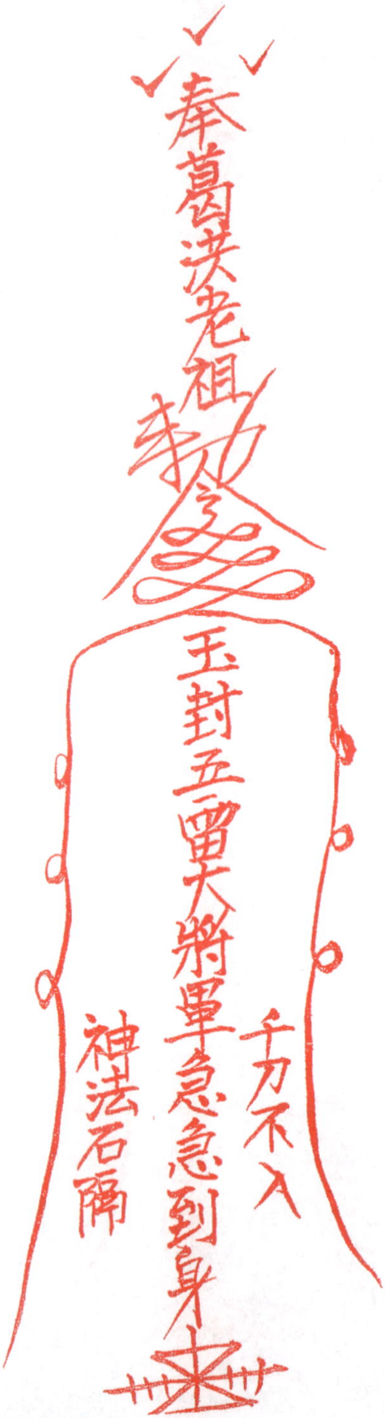
奉葛洪老祖
玉封五雷大將軍急急到身

茅山神功修練符（七）

茅山神功修練符（八）

茅山收檳榔邪符

用法：黃紙硃書化飲。

茅山治夜啼鬼符

用法：黃紙硃書帶身。

茅山退邪兵符

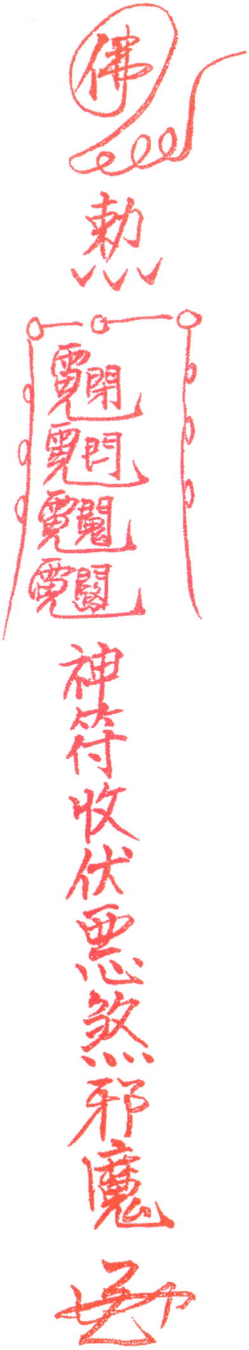

用法：黃紙硃書加刈金化路口。

茅山收妖符

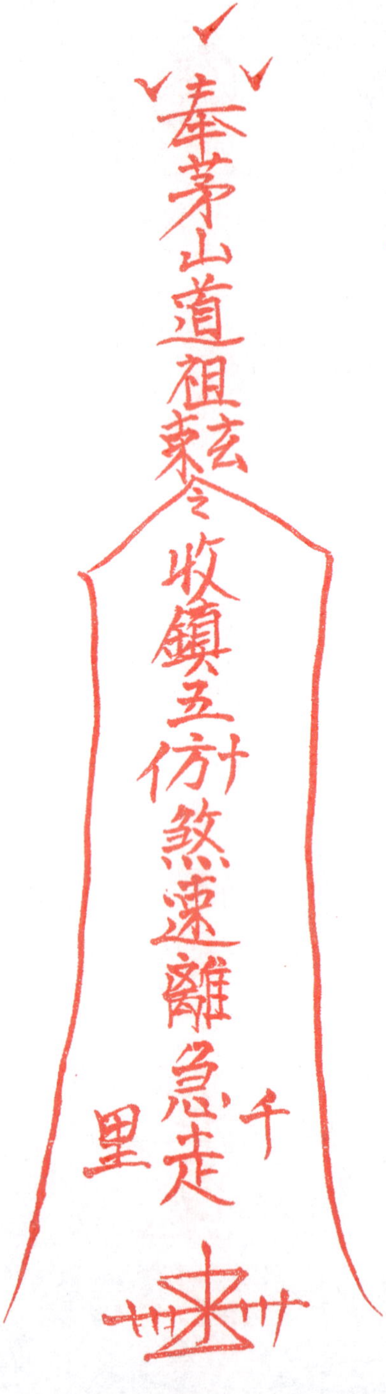
奉茅山道祖敕玄之
收鎮五方十煞速離急走千里

用法：黃紙硃書加刈金化路口。

茅山鎮煞符

用法：黃紙墨茅山治顛狂符

茅山治顛狂符

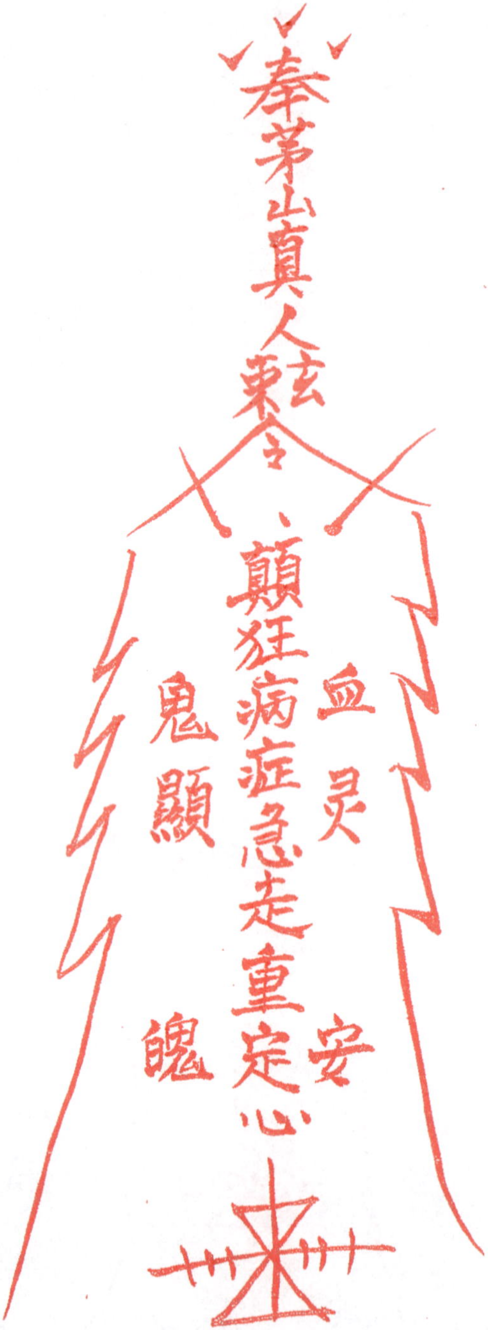
奉茅山真人敕令
顛狂病症急走重定心

用法：黃紙墨書化飲。

茅山解結符

用法：黃紙硃書加金紙化。

茅山收流財三煞符

用法：黃紙硃書化門口。

茅山五雷收魂符

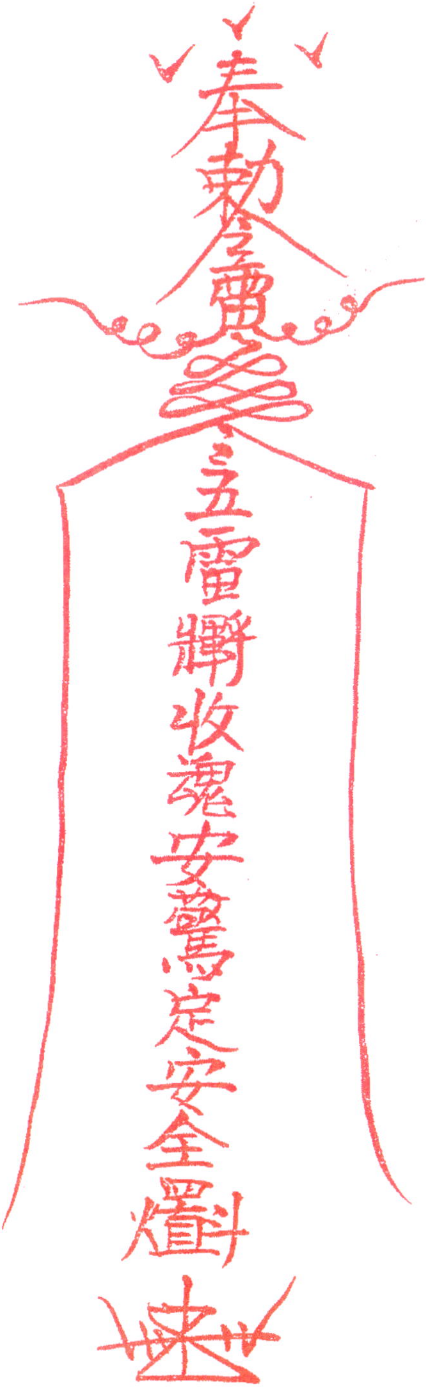

用法：黃紙硃書帶身或化床前。

茅山清淨符

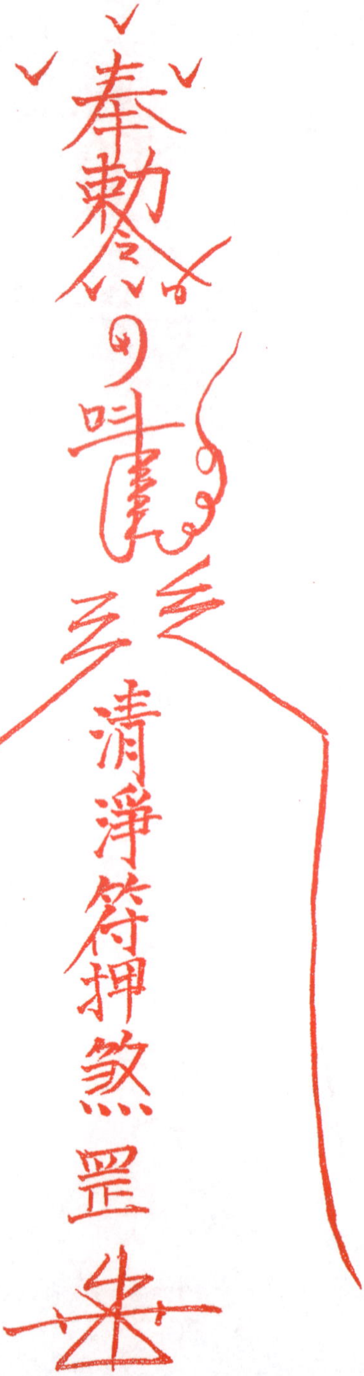

用法：黃紙墨書化陰陽水清淨。

茅山治亂心符

用法：黃紙墨書化飲，每天一道。

咒語：用定心咒七遍。

茅山五虎破開符

用法：黃紙墨書每天一道燒化路口。

茅山斷緣符

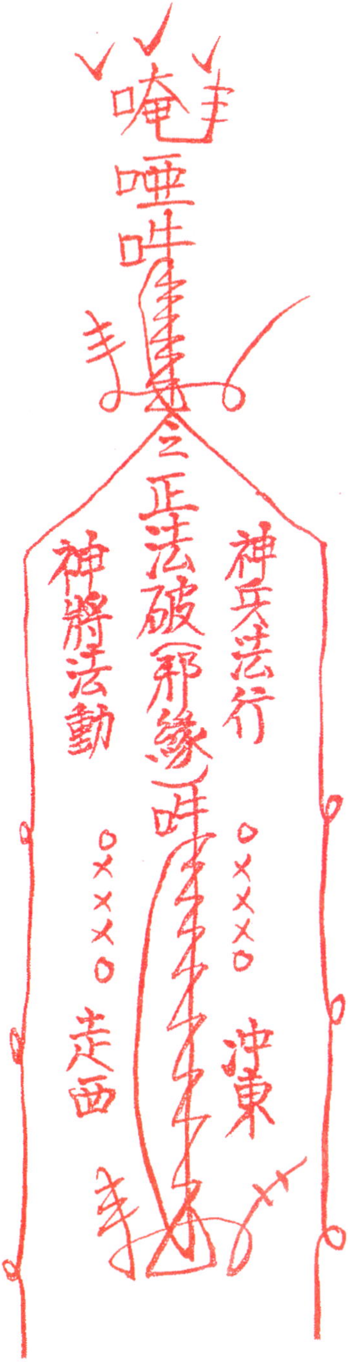

用法：黃紙墨書，每天一道化飲。

茅山無緣符

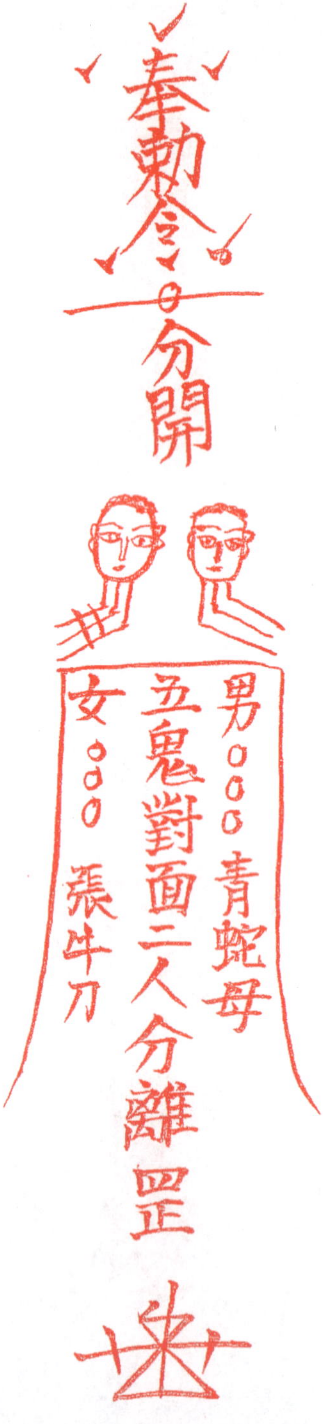
奉勅令
分開
男○○○青蛇母
五鬼對面二人分離罡
女○○○張牛刀

用法：黃紙墨書或青紙墨書加紙人化路口或化飲。

茅山五鬼分離符

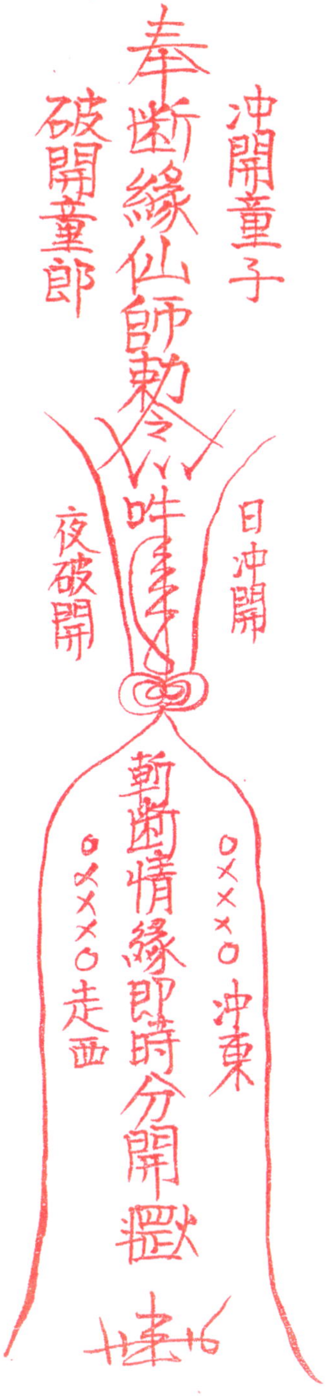
奉斷緣仙師勅令
沖開童子
破開童郎
日沖開
夜破開
斬斷情緣即時分開
沖東
走西

用法：青紙墨書化路口或化飲。

茅山飛刀斬緣符

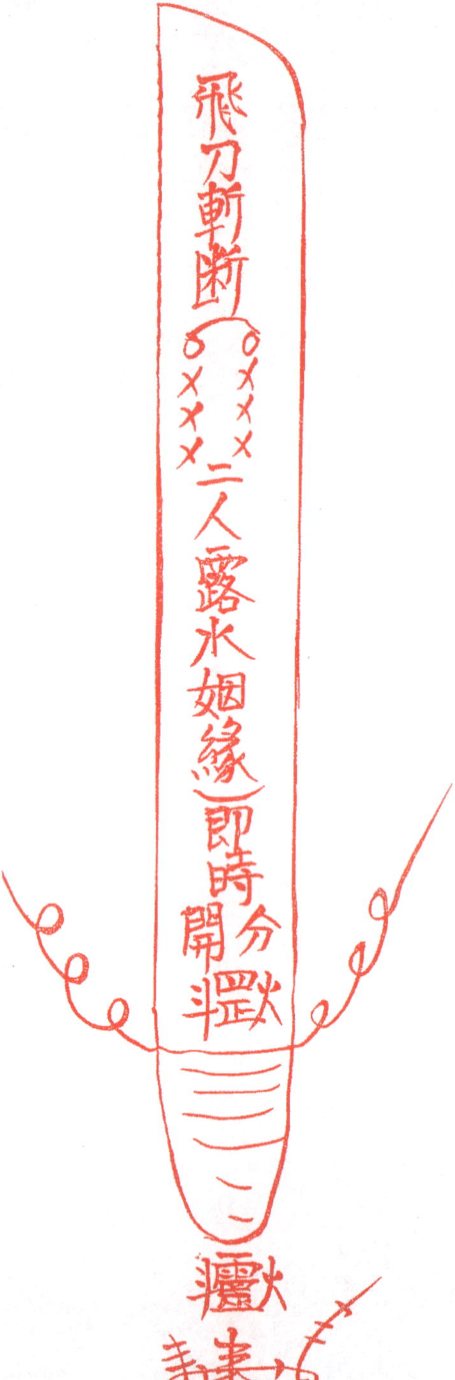
飛刀斬斷
二人露水姻緣
即時
分
開

用法：青紙墨書化路口。

茅山旺財符

用法：黃紙墨書貼在門上。

茅山招財符

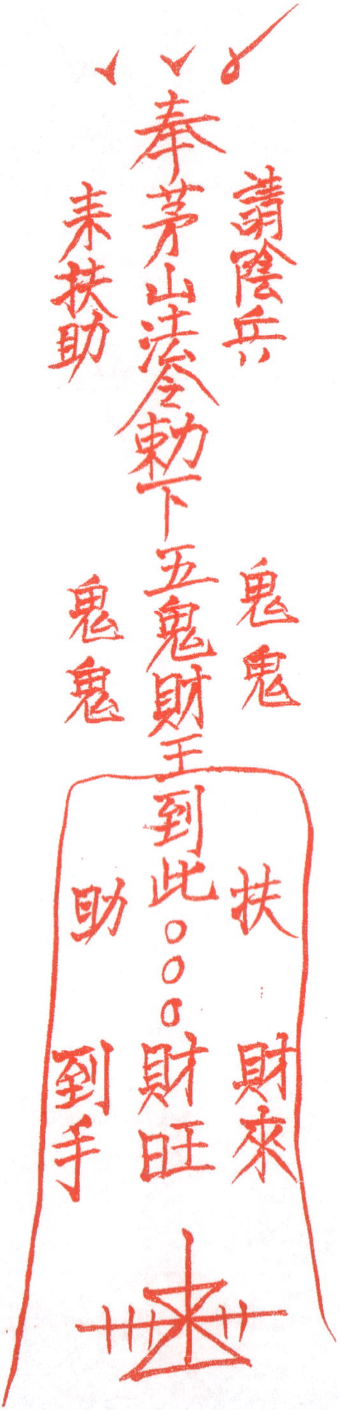
請陰兵
奉茅山法令敕下五鬼財王到此
來扶助
鬼鬼
鬼鬼
扶財來
財旺
助到手

用法：黃紙硃書帶身。。

茅山五雷神針符

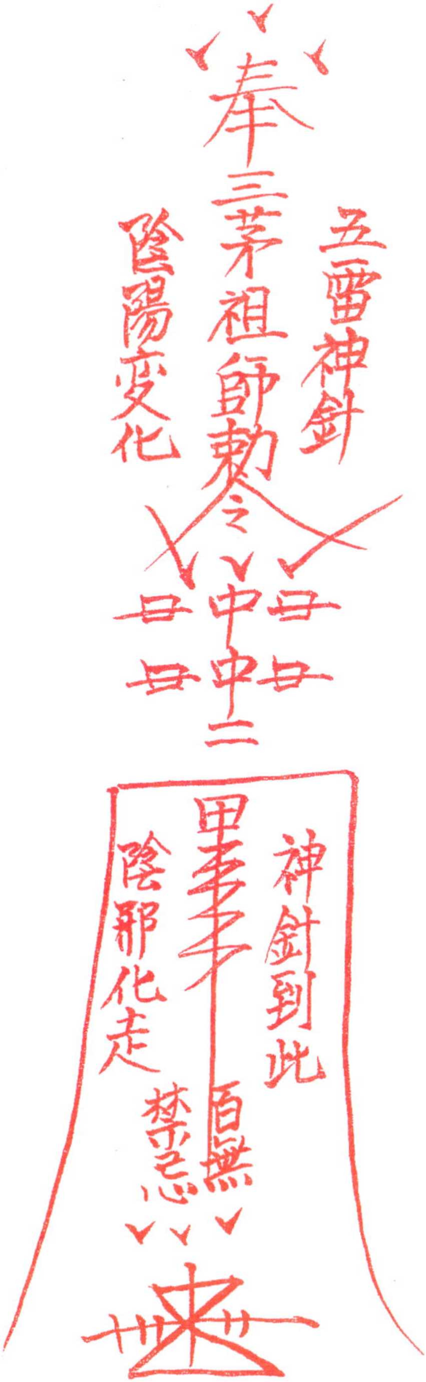

用法：雷劍訣虛書本符在神針上。

茅山照妖鏡符

用法：黃紙硃書貼在銅鏡上，每天晚上子時須加修茅山照妖鏡驅妖邪法。

茅山除陰氣除却符

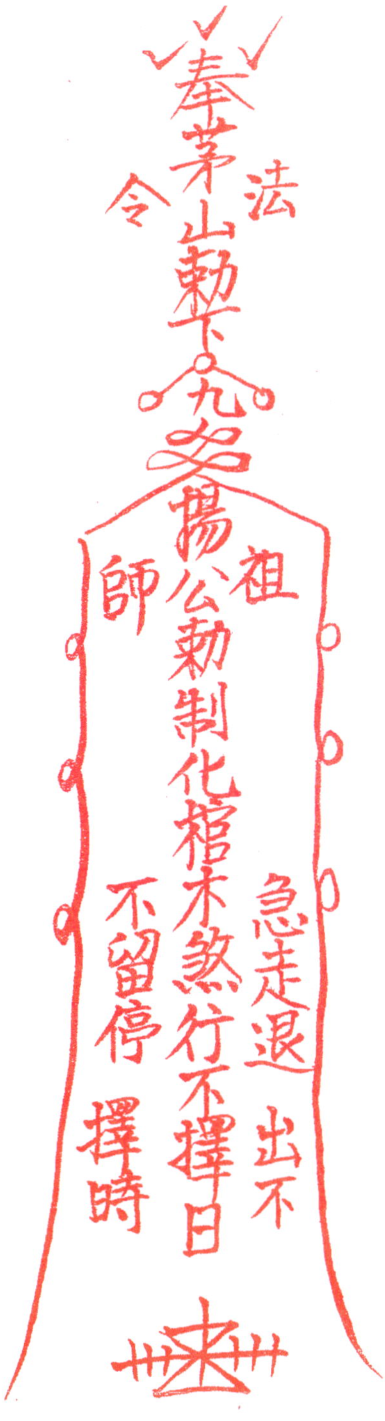

用法：黃紙硃書化洗。

茅山制棺木煞符

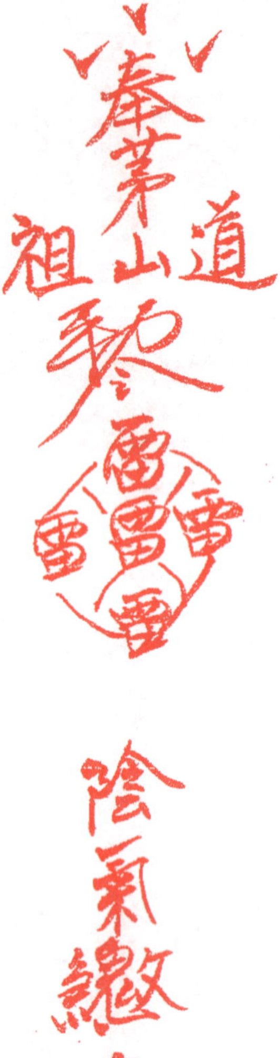
奉茅山道祖
陰氣
急走千里

用法：黃紙墨書帶身。

茅山改惡從善符

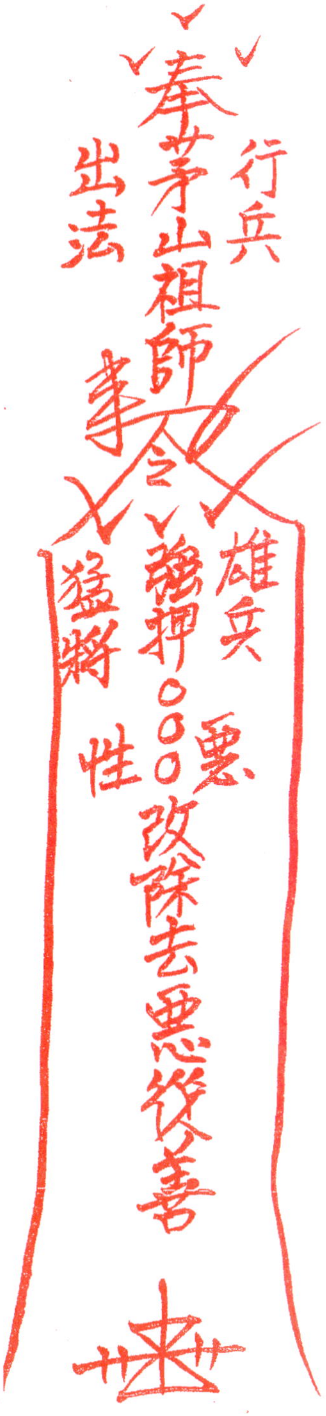

用法：黃紙硃書化飲。

茅山鎮女兒不利符

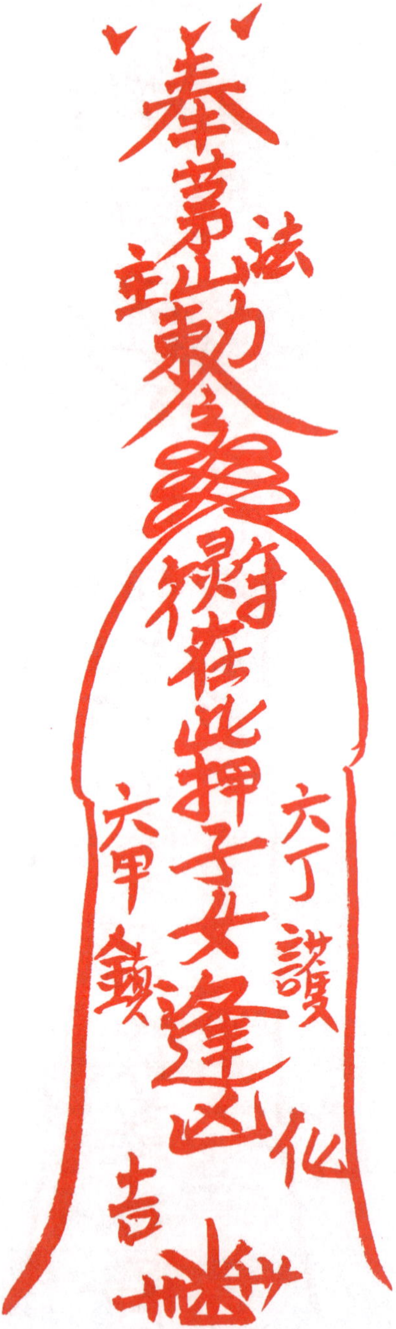
奉
茅山法主
勅
在此押子女逢凶
六丁護
六甲鎮
化
吉

用法：紅紙墨書帶身或貼在新娘車上。

茅山緊急請神符

用法：黃紙硃書對空燒化。

茅山雨花石求夢符

用法：黃紙硃書貼在雨花石上，再配合求夢顯真法

茅山旺財符

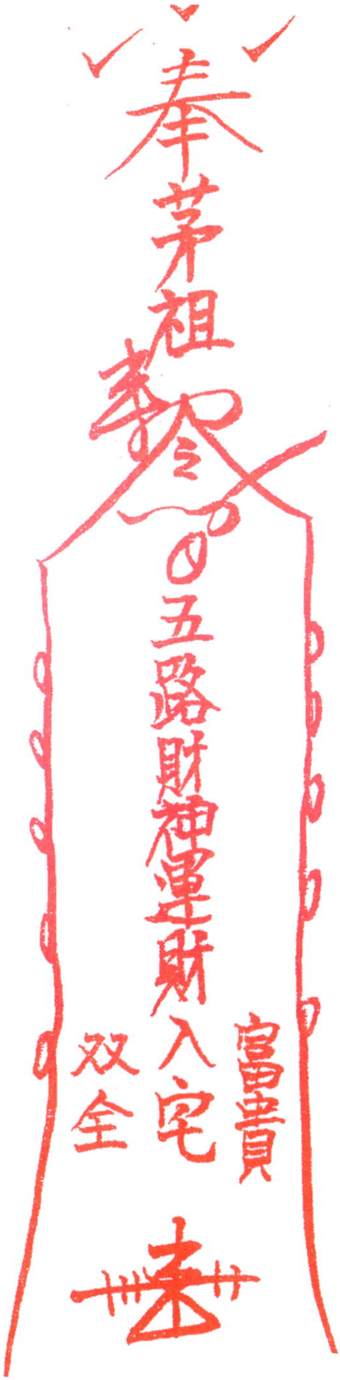

用法：黃紙墨書化門口。

茅山八馬催財符

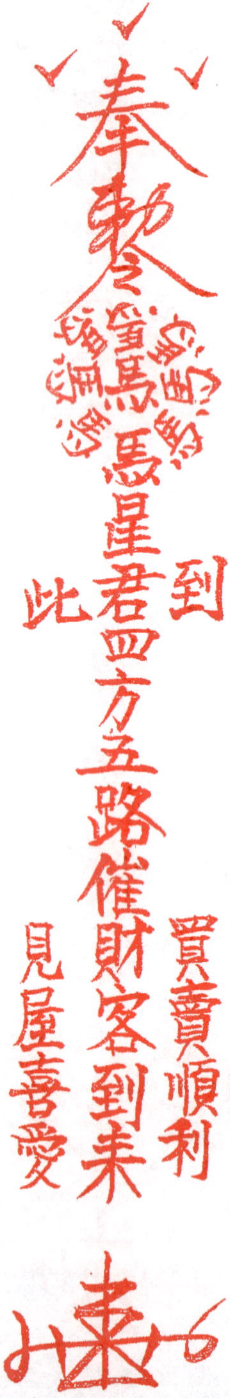
馬星君到此
四方五路催財客到來
買賣順利
見屋喜愛

用法：黃紙墨書加甲馬化在路口。

茅山追神符

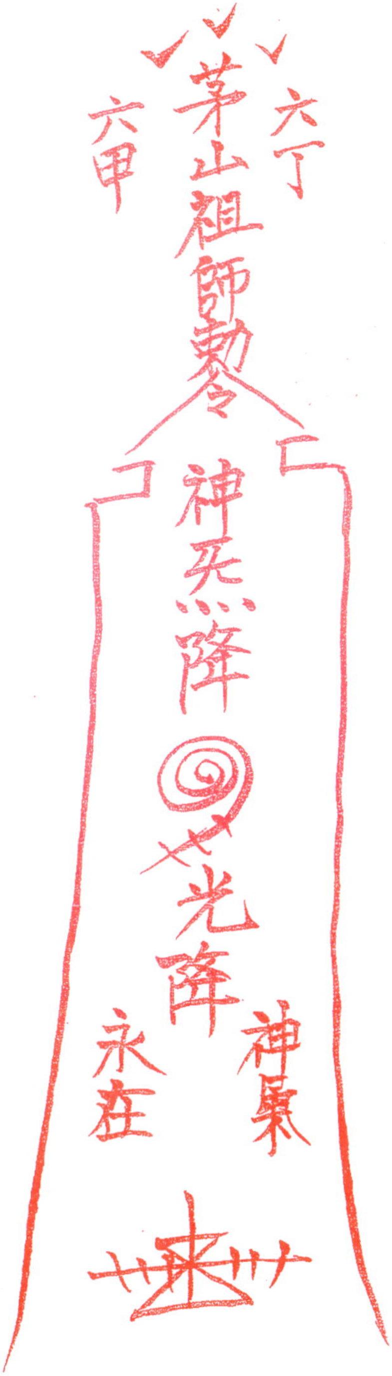

用法：黃紙墨書化在爐內

茅山如意符

用法：黃紙硃書帶身。

茅山破日課犯麻衣神煞符

用法：黃紙硃書加刈金化在門口。

茅山除鬼影符

用法：黃紙墨書帶身。

茅山小兒聰明符

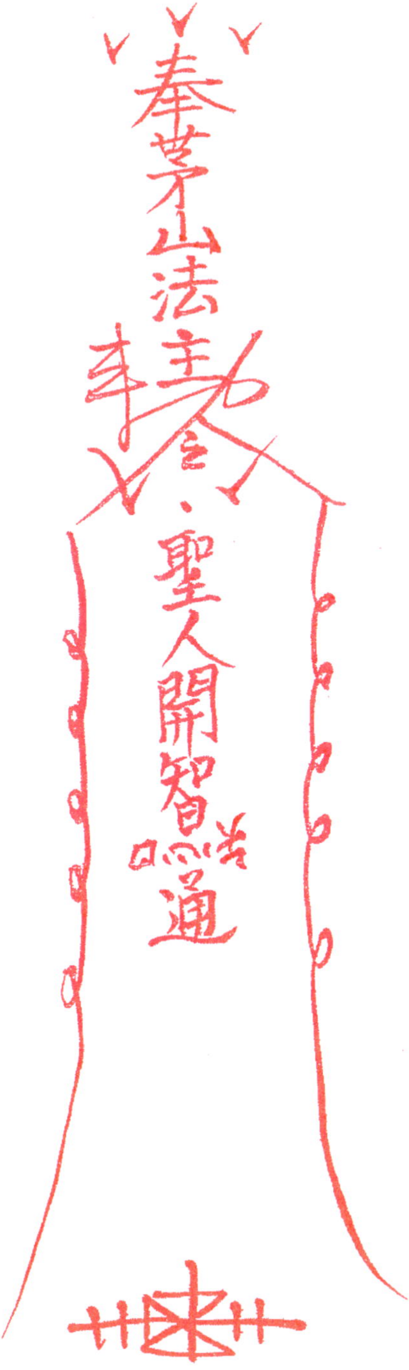

用法：黃紙硃書帶身。

茅山治不肖之小人符

用法：青紙墨書加紙人化路口。

茅山制喪車煞符

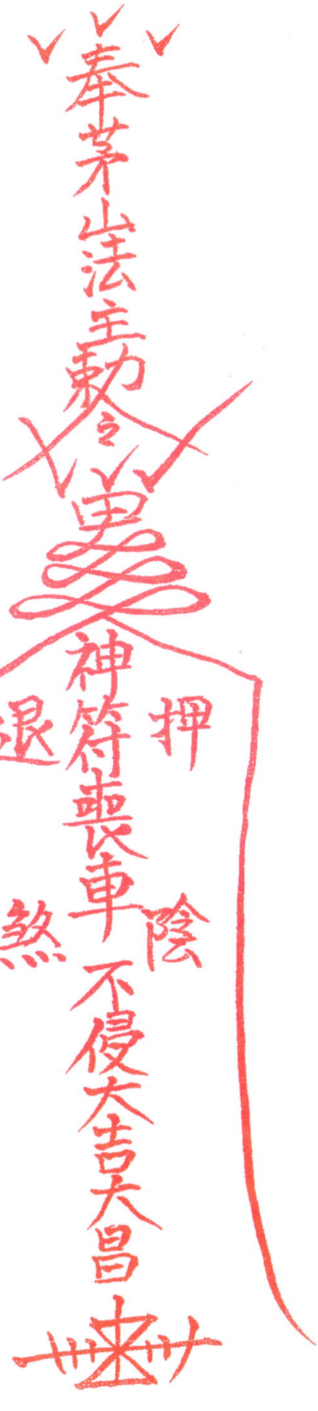
奉茅山法主勅令
神符喪車不侵大吉大昌
押
陰
退
煞

用法：黃紙硃書帶身。

茅山鎮山煞符

用法：黃紙硃書加刈金化墓路上。

茅山掩身符

用法：黃紙墨書帶身。

茅山治惡夢符

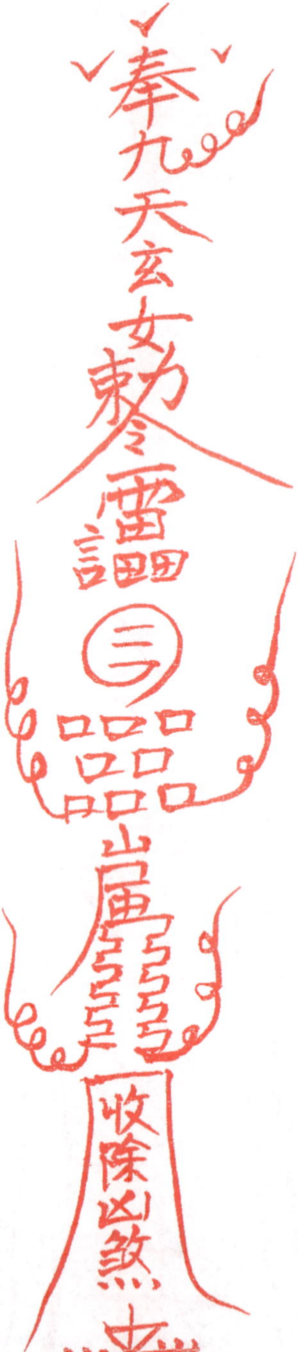

用法：黃紙硃書帶身。

茅山追魂通靈符

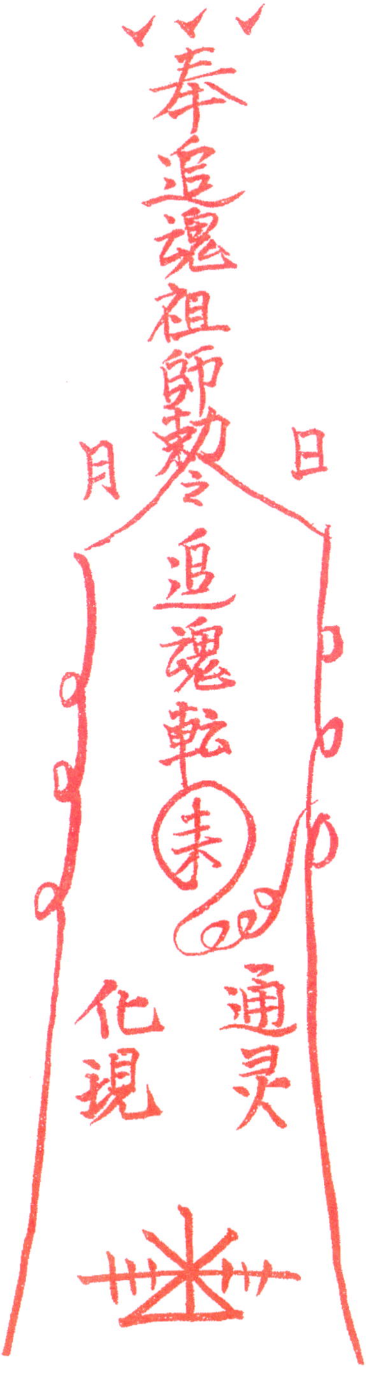

用法：黄紙硃書化在香爐內。

茅山除鬼影符

用法：黃紙墨書化門口或貼在門上。

茅山旺店興旺符（一）

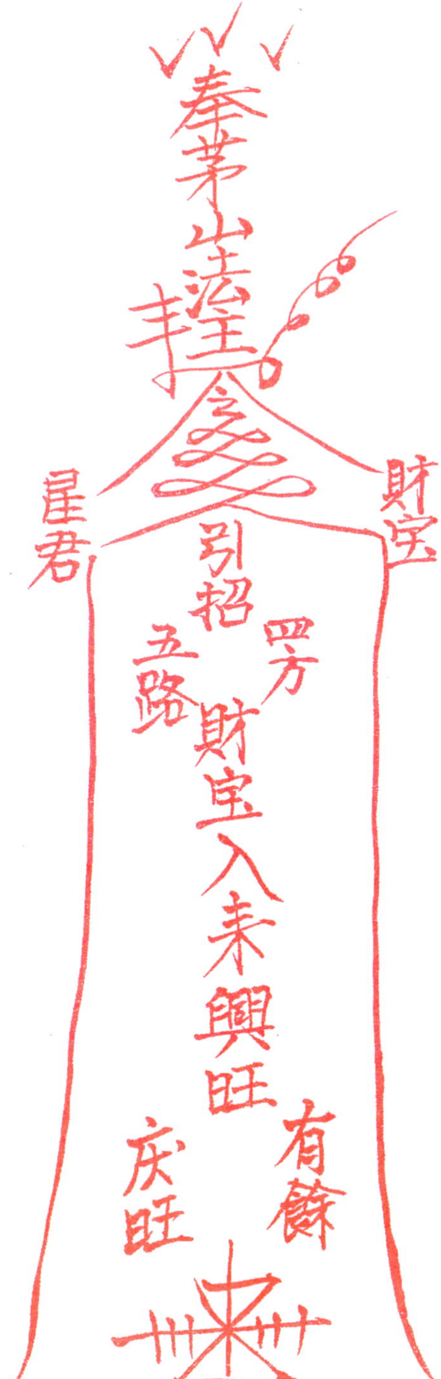

用法：黃紙墨書化店口。

茅山旺店興旺符（二）

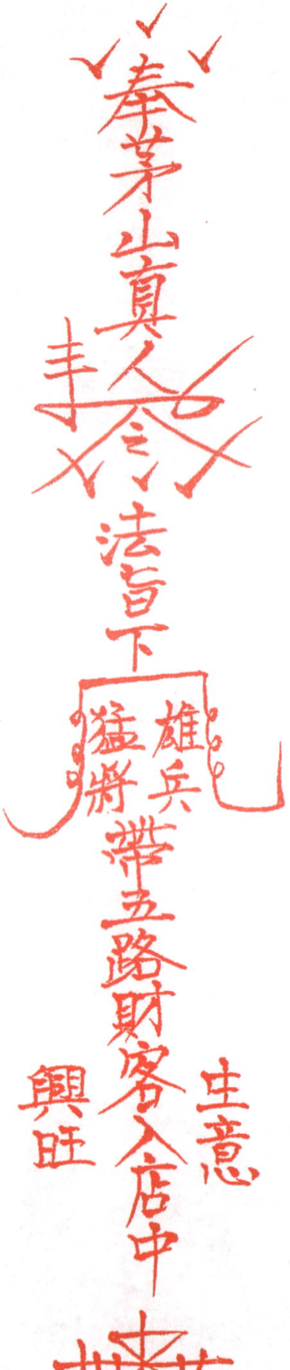

用法：黃紙硃書化店口。

茅山明眼符

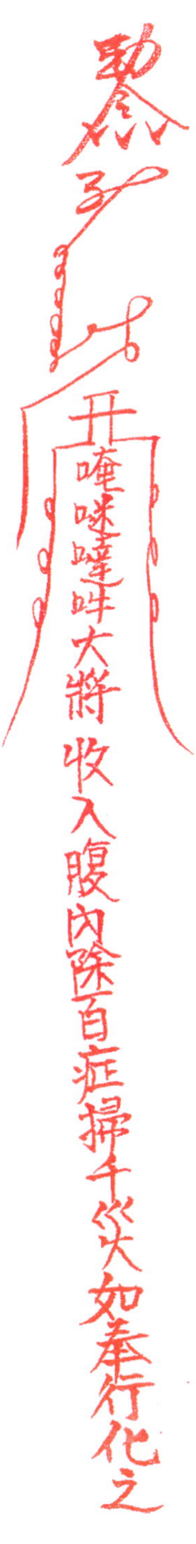
唵咪噠吽大將
收入腹內除百症掃千災如奉行化之

用法：黃紙墨書化清水洗眼。

茅山治精神病符

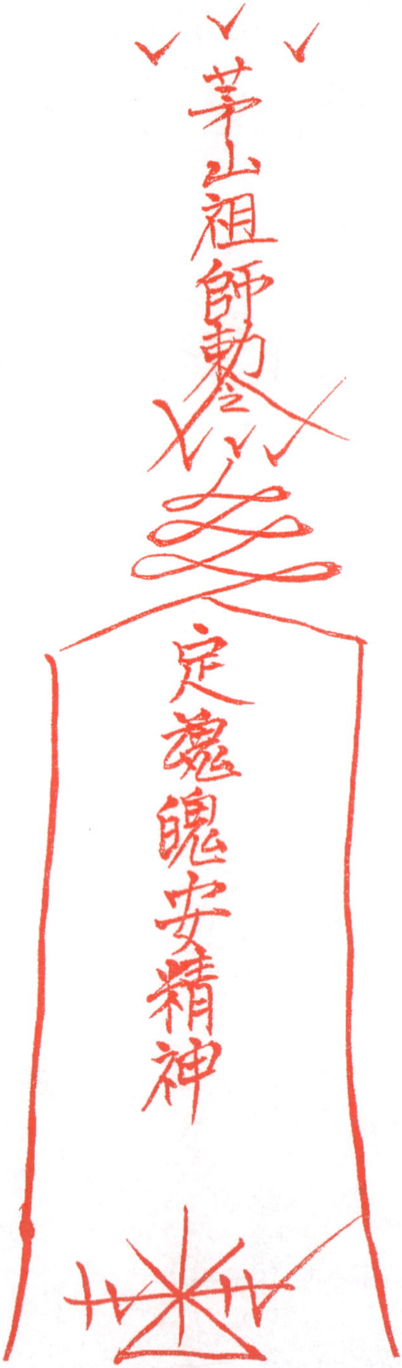
茅山祖師勅令
定魂魄安精神

用法：黃紙墨書化飲。

茅山止肚痛符

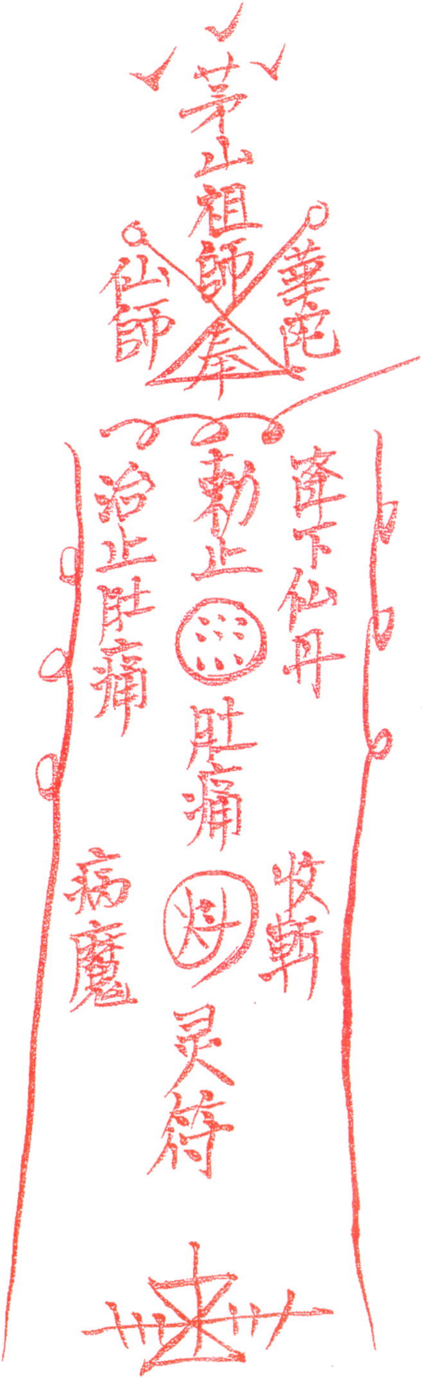

用法：黃紙墨書化飲。

茅山制五鬼符

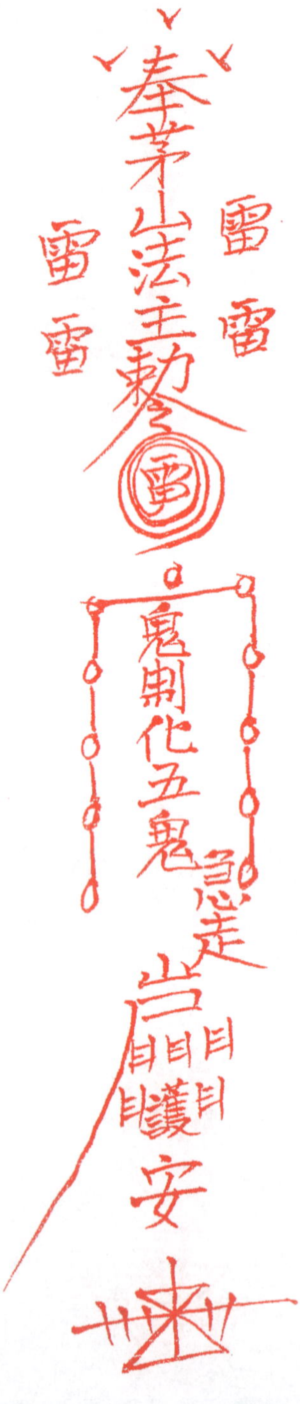

用法：黃紙墨書加五鬼錢化。

茅山改心性符

用法：黃紙墨書化飲。

茅山發陰兵符

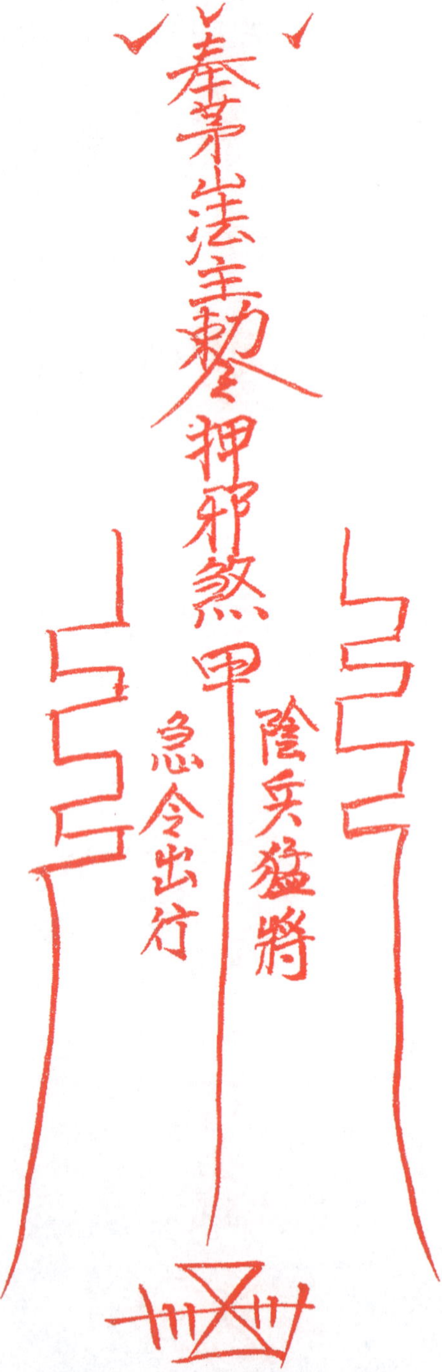
奉茅山法主勅押邪煞
陰兵猛將
急令出行

用法：青紙墨書化在路口。

茅山財利符

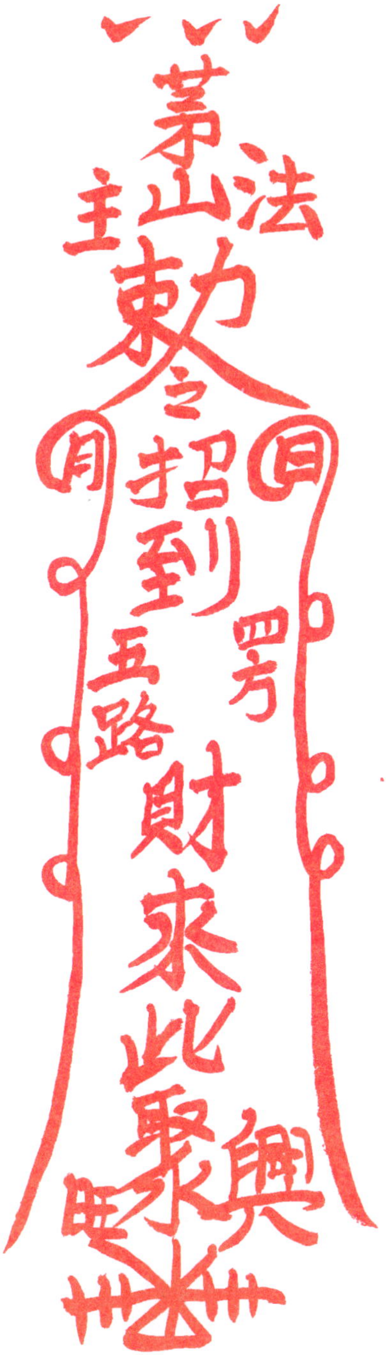

用法：黃紙墨書化在當地土地公香爐內。

茅山催財興旺符

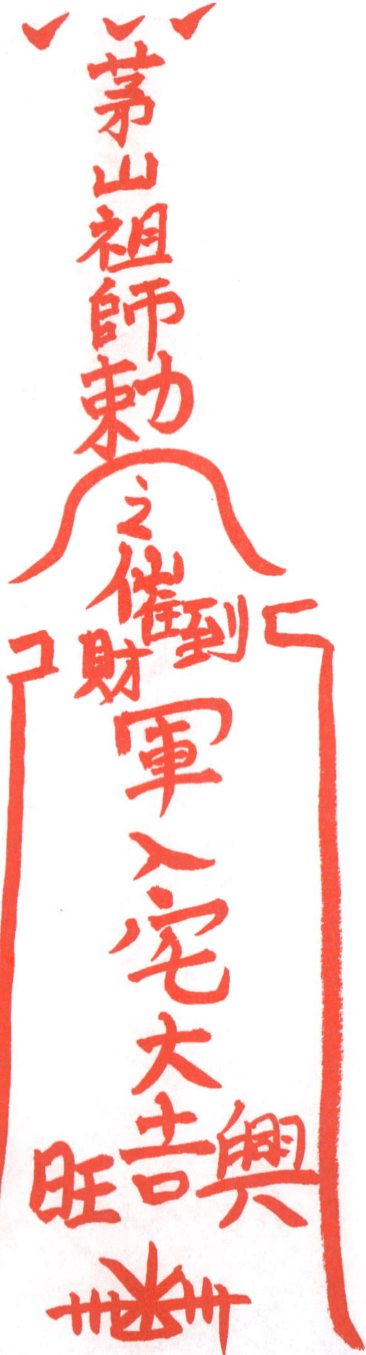

用法：黃紙硃書帶身。

茅山五方引路符

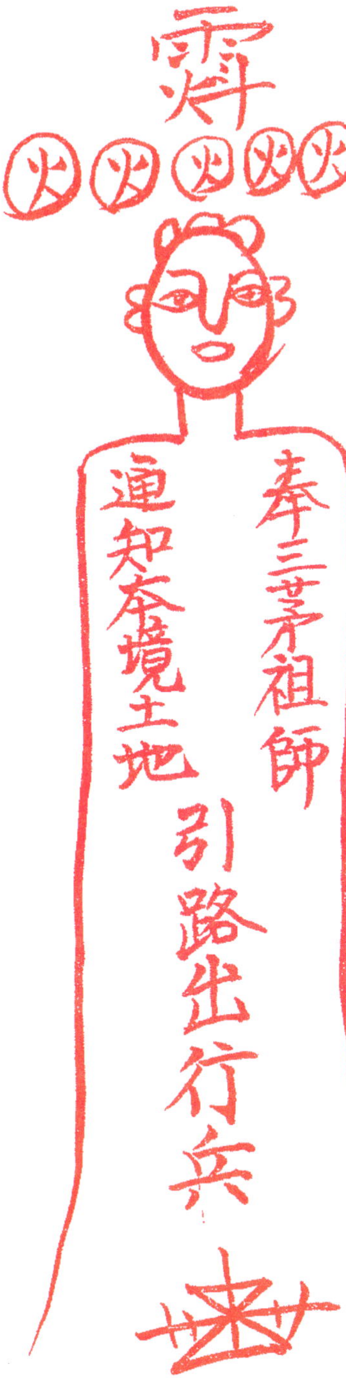
火
火
火
火
火
奉三茅祖師
運知本境土地
引路出行兵

用法：黃紙墨書加甲馬化路口。

茅山討債符（一）

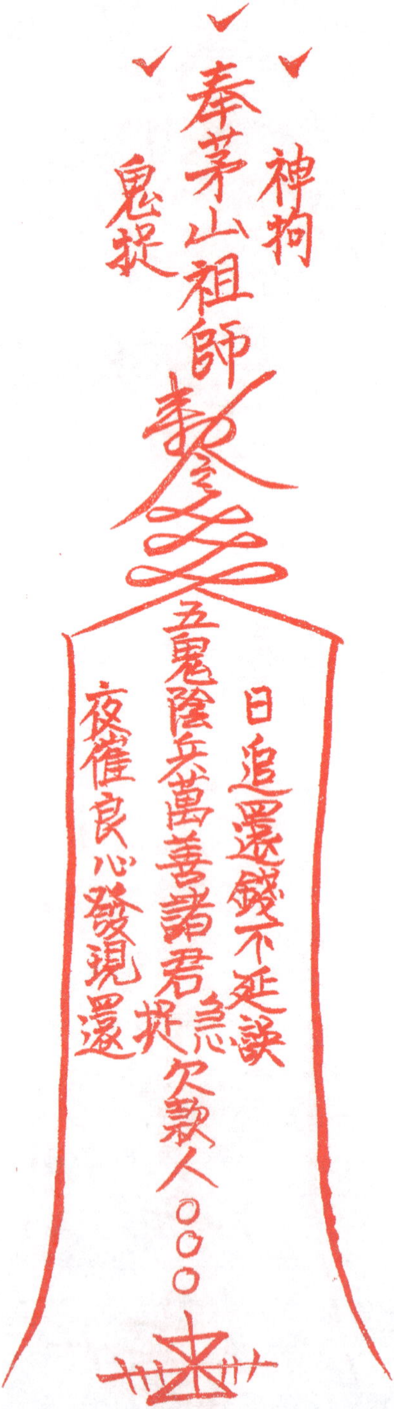
奉茅山祖師
神拘
鬼捉
五鬼陰兵萬善諸君急捉欠款人〇〇〇
日追還錢不延誤
夜催良心發現還

用法：黃紙墨書加甲馬化路口。

茅山討債符（二）

奉茅山法令勅下
牛頭
馬面
陰兵鬼卒收錢財不留停
日追○○○
夜收○○○
速還○○元
出外未還錢

用法：黃紙墨書加刈金化路口。

真傳茅山符咒秘笈

神算子異術

育林出版社 二五四

神算子之修，取東海龍牙一具，宜生取，死牙勿用，先以麻布包血牙，藏乾燥陰暗祕處，經百天期間不可日光，只宜採陰氣不納日華。祕藏百日後，擇一陰丁日，請雕刻師沐浴淨手，靜室焚香，依法訣精劇神算子一尊，拇指般大為合，七竅玲瓏，神氣生動，雕成後，入神以香薰七日方可使用，亦堪見天日。

凡修神算術，擇陰丁日始祭，修術期間，術士必清心寡慾，潛心修煉七七四十九日，功德圓滿，方可如期啟發靈竅，成功無誤，若色慾利祿，心猿意馬，則暫勿修，否則昏矇遲鈍，成功不大。

神算之修，早晚行之，起修之日擇丁日，先六甲壇前焚香，取左手無名指血調硃砂，先用些混合左手無名指指甲粉末與泥丸(即頭頂百會穴)拔取之頭髮，剪取之髮腳約三粒(即三根頭髮之髮腳)一併混合，納入神算子泥丸穴內，封固，方再取已調硃砂之無名指血，點神算子之五官，七竅開光，即可修煉。

神算子置六甲壇前，水八分放青花碗內，神算子前術士以右手劍訣指憑空向碗內水面畫一道靈神算符一道，而後右手取神算子，在碗水上圈轉四十九轉，咒七遍畢，飲下陰陽水，即雙手取神算子置頭頂泥丸穴上，雙眼微畢，一瞬間腦際不論感到何事，皆細聲道說出聲，一切雜事不理真假，不究虛實，心有所惑，即照言無誤，生人免觀，勿令旁聽，不論言多言少，一刻鐘乃止，置神算子壇上，如此修煉早晚行之，一連四十九天，即可功德圓滿，靈竅奇思，宛若江河，滔滔不絕，惟泥丸穴不可令人搓撫拔髮，否則影響靈竅，開壇神算，先焚香唸通靈神算咒一遍，即帶神算子於身，凡客問事，審悉姓名八字後，即集中精神於頭頂泥丸穴，存想神算子已臨泥丸，腦中所惑，開聲言之即是。

神算符

用法：黃紙墨書化在神算子身上。

通靈神咒

天清地靈　心水澄清　臨淵龍牙　神算精靈
起吾靈竅　入吾法身　他心神通　明懸鏡燈　滔滔
不絕　開吾金聲　恰訣從容信口通真　急急如律
令勅攝

茅山百解符

用法：黃紙墨書帶身。

茅山通神符

用法：黃紙硃書一道化飲一道化壇內香爐內。

茅山禁暴夫驚妻符

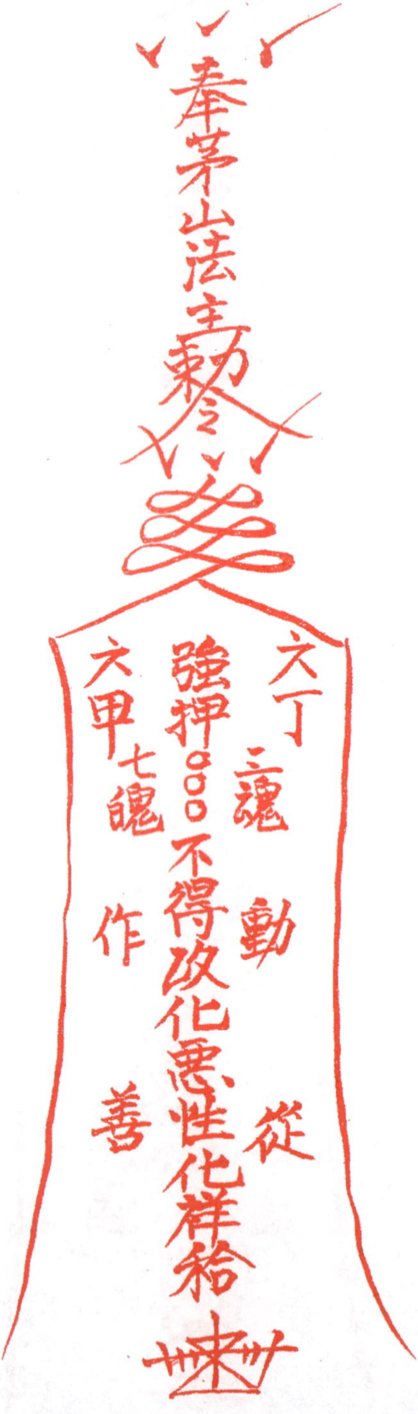
奉茅山法主勅令
六丁三魂動從
強押○○不得改化惡性化祥給
六甲七魄作善

用法：黃紙墨書化飲。

茅山禁暴妻驚夫符

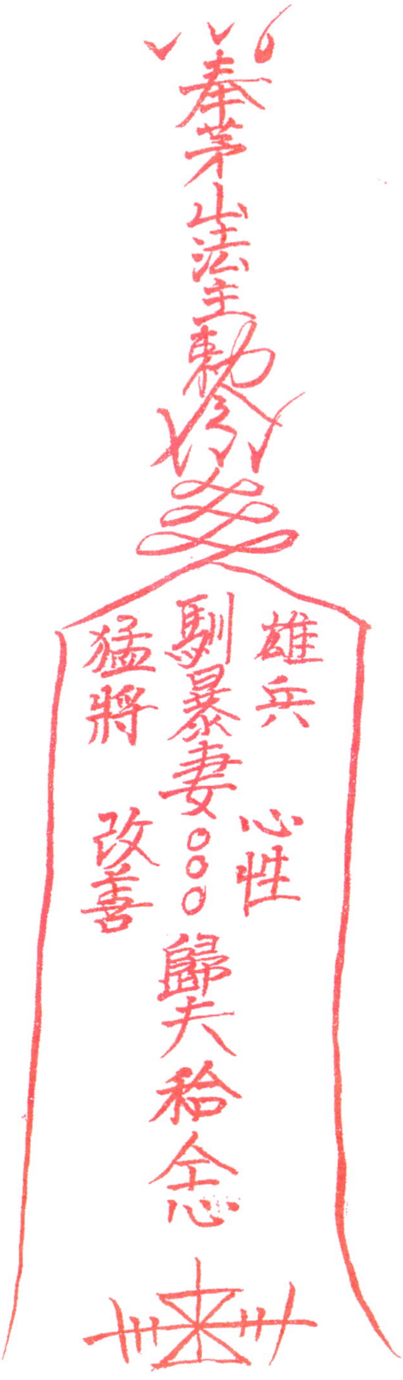

用法：黃紙墨書化飲。

茅山鎮家宅犯火星符

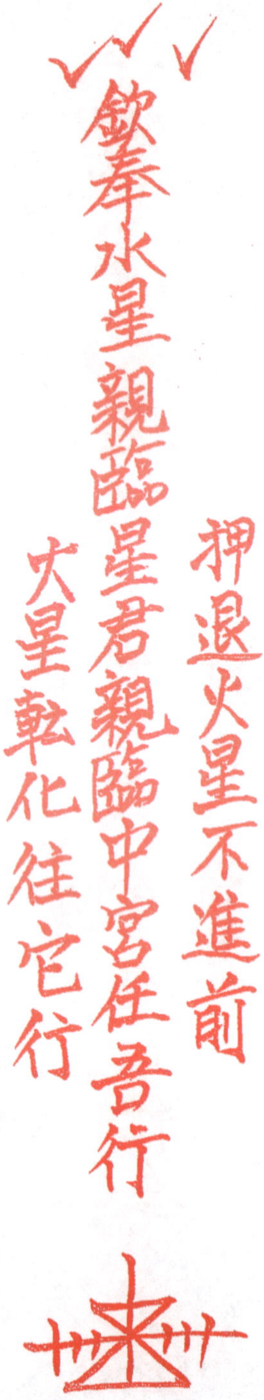
欽奉水星親臨
星君親臨中宮任吾行
押退火星不進前
火星軌化往它行

用法：黑紙白字，貼在門上。

茅山助賭符

用法：黃紙墨書帶身。

茅山制陽宅損傷合符

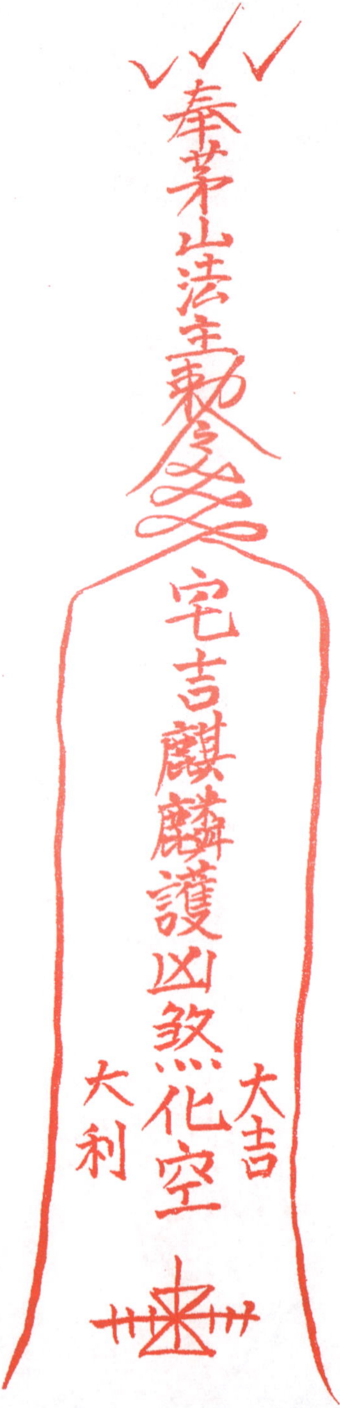
奉茅山法主勅
宅吉麒麟護凶煞化空
大吉
大利

用法：黃紙墨書貼在門上。

茅山陽宅厄運轉吉符

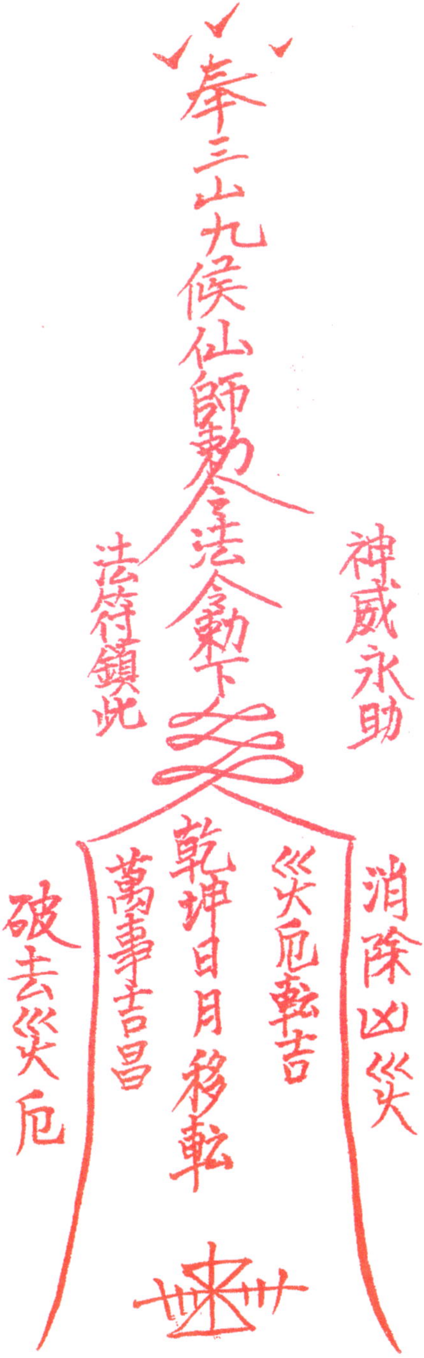
奉三山九侯仙師勅令
法令勅下
神威永助
法符鎮此
消除凶災
災厄轉吉
乾坤日月移轉
萬事吉昌
破去災厄

用法：黃紙硃書化客廳中央。

茅山求財必得符

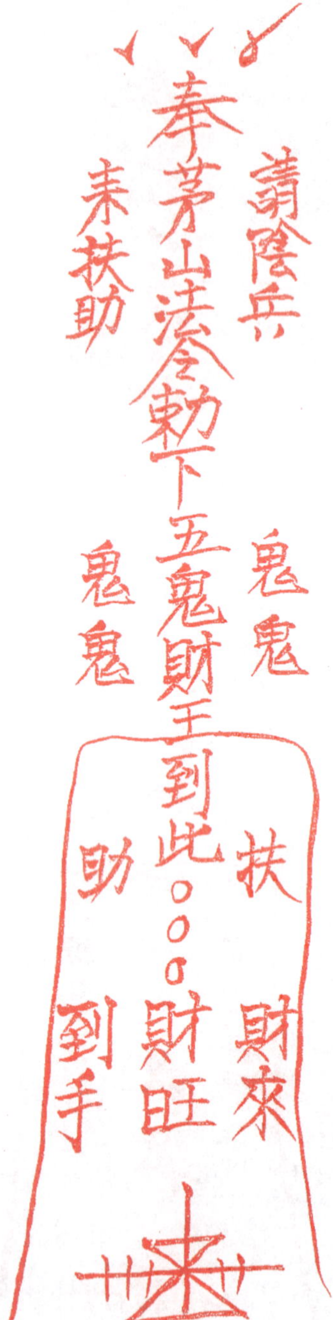
奉茅山法令勅下五鬼財王到此
請陰兵
來扶助
鬼鬼
鬼鬼
扶
助
財來
財旺
到手

用法：黃紙硃書化門口。

茅山萬應出賽符

用法：黃紙墨書出賽日加甲馬燒化門口。

茅山破五黃凶星符

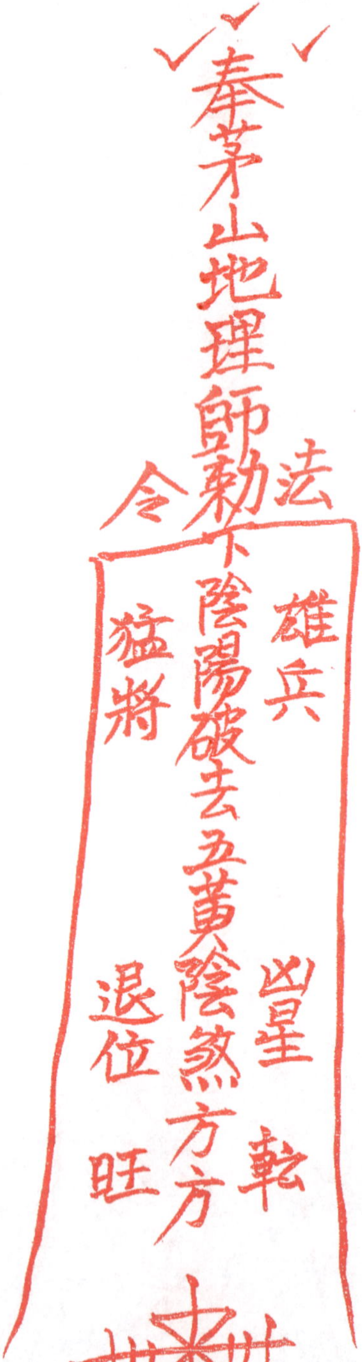
奉茅山地理師勅下陰陽破去五黃陰煞方方
法
令
雄兵
猛將
凶星
退位
乾
旺

用法：黃紙硃書加福金化五黃方。

茅山鎮嫁夫不利符

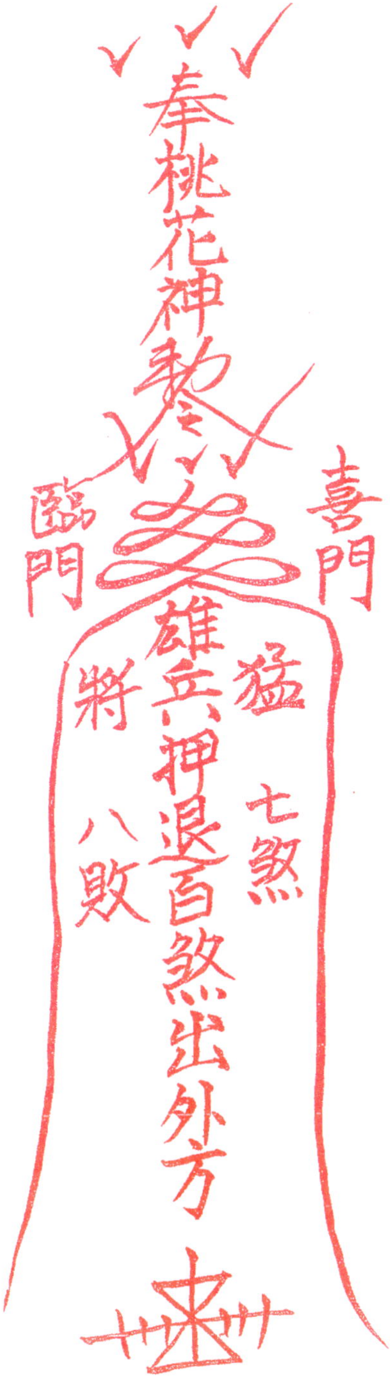

用法：黃紙硃書帶身。

茅山招貴人旺財符

用法：紅紙墨書化在當地土地公之香爐內。

茅山招財符

用法：黃紙硃書每天子時化在路口。

茅山避血光符

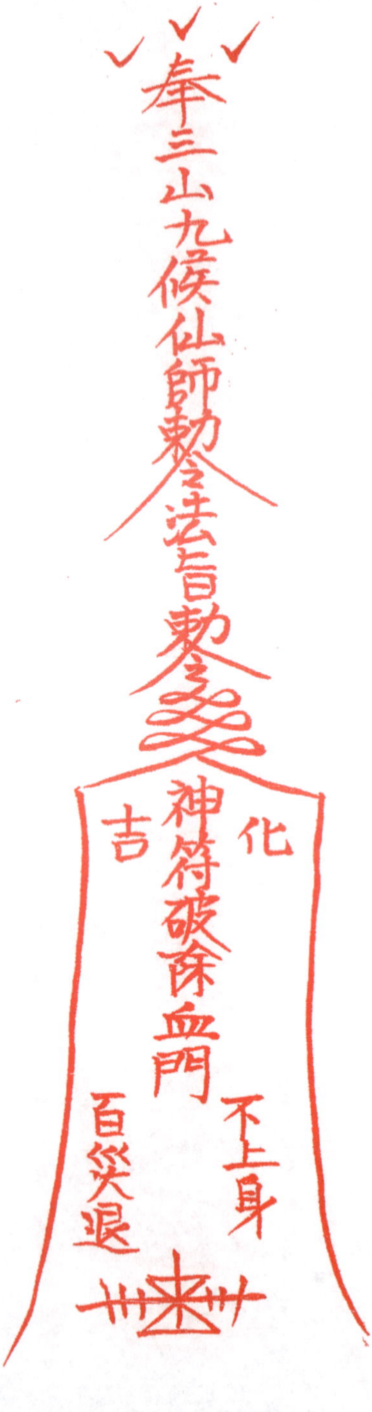

用法：黃紙墨書帶身。

茅山請神鎮宅興旺符

奉三茅山真君勅令
乾兌震在
八卦神君護宅興旺
百煞歸正
坤艮巽此
家来歸庫

用法：黃紙硃書貼在神位後，或貼在門上。

茅山通神符

用法：黃紙墨書化在香爐內。

茅山追人符

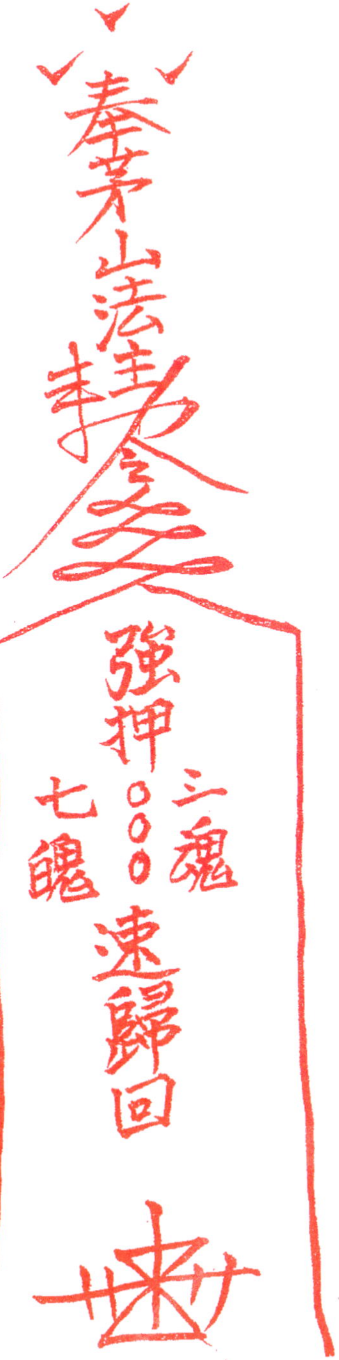

用法：黃紙墨書化在當地土地公香爐或加刈金化在路口。

茅山開財庫符

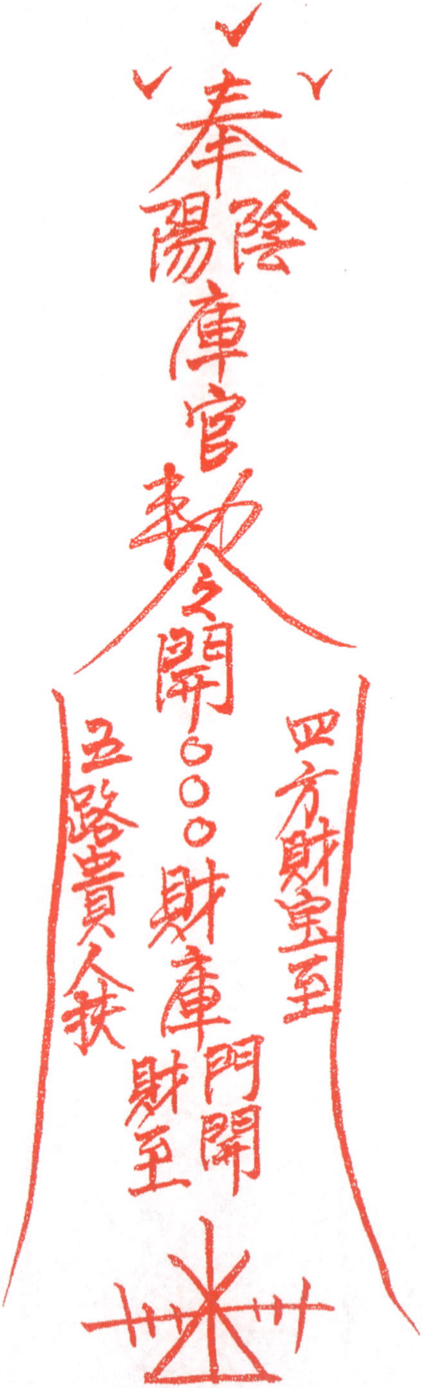

用法：黃紙硃書加大小百解貴人金化門口。

茅山安心符

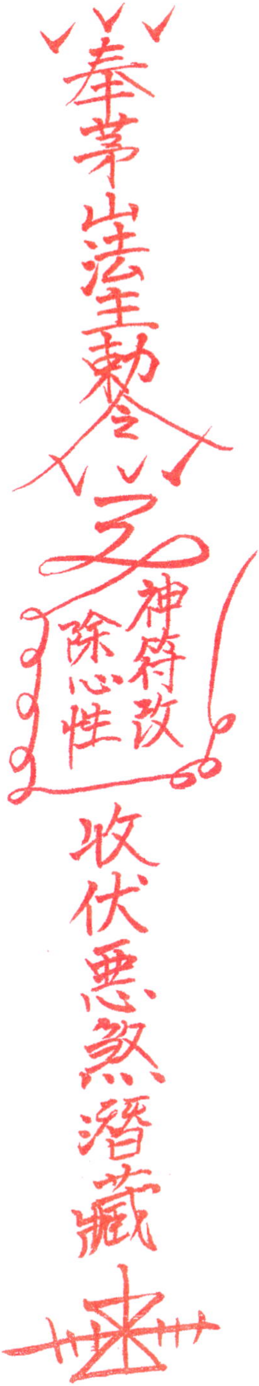

用法：黃紙硃書帶身。

茅山治寒毒符

用法：黃紙墨書化飲。

茅山鎮家宅不聚財符

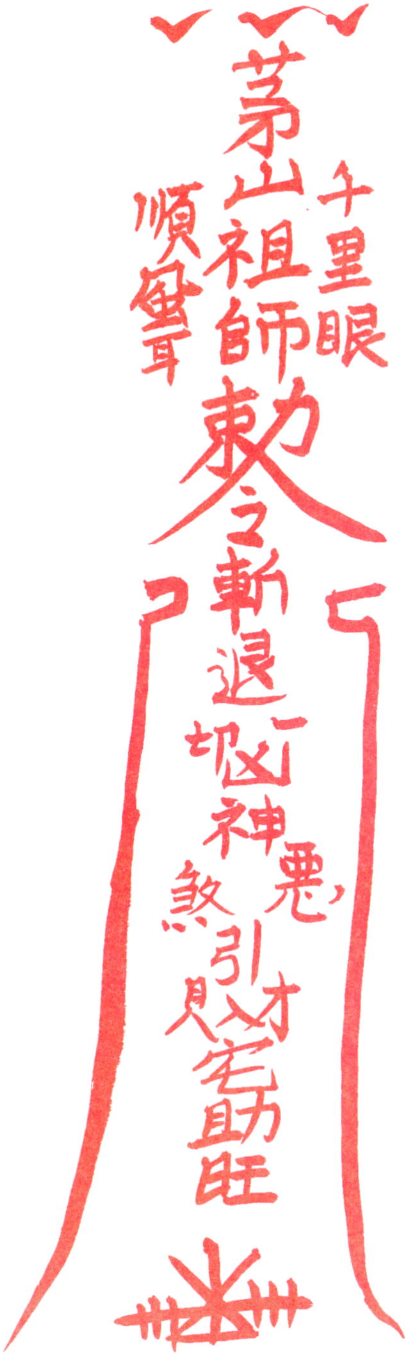
茅山祖師勅令斬退一切凶神惡煞引財入宅助旺
千里眼
順風耳

用法：黃紙硃書貼門上或化在客廳中央。

引路符

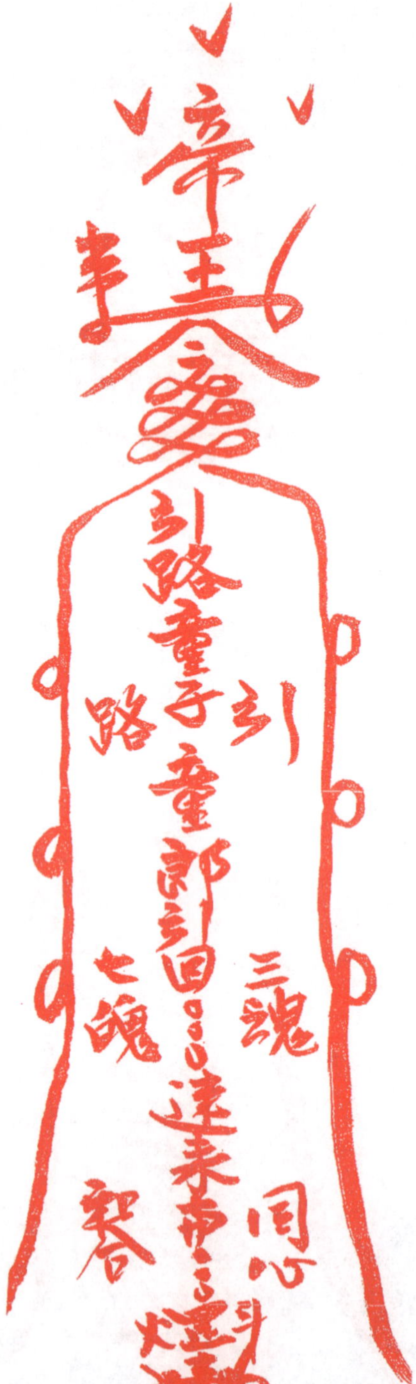

用法：離家出走以黃紙墨書化路口。

元辰吊魂符

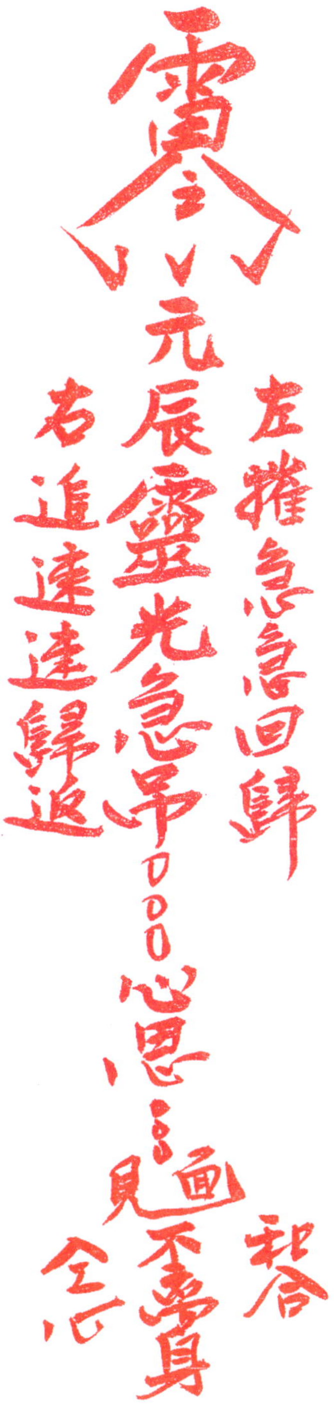

用法：人離家出走黃紙墨書燒化。

全家和合符

用法：黃紙墨書化食物全家飲食。

一、將男女或夫妻生名寫於符腹內或寫於符胆內。

二、勅符以劍指（以和合指或陰陽指勅符為完整）。

三、可配合迷魂符使用亦可同其他和合符催化施法。

四、可分開使用或合併使用視情況而定。

金刀童子沖開符

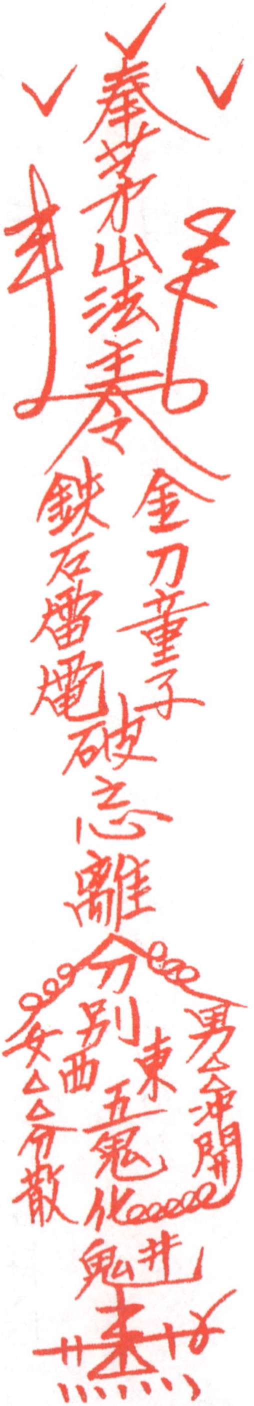

用法：黃紙墨書化飲。

五鬼分開符

用法：黃紙墨書化飲。

五陰和合神咒

拜請五陰神　五陰來降臨　法索來降庭　降落法索縛起男（女）人XXX日在廳堂　夜在房中縛起男女（夫妻）XXX和好百年愛心入骨永不分離吾奉太上老君勅令　神兵火急如律令

全家和合咒

奉請和合仙師到家堂　天一和來　星斗顯　地一和來事事順神一　和來香火行　夫妻和來生貴子　全家大小和來到團圓　團圓和來百年調和　夫唱婦隨子女想父母男人食吾靈符水結兄弟　女人食吾符水結姐妹　全家大小食吾靈符水和氣萬千　陰陽和合心合　合同心愛心永在　全家和合好百年　吾奉勸善和合二仙師勅令　神兵火急如律令　勅全家和合急急行

散魔和合迷魂咒

奉吊迷魂法師急如令　能統手下千萬兵　步罡踏斗點鬼兵　茅山祖師助吾法　吊神吊鬼迷萬民　六壬仙師助吾令　勅令鬼神差追捉XXX人三魂七魄急回家鄉　日夜思想歸家　庄頭庄尾鬼神兵　佰公佰婆庄頭庄尾土地公婆　卌六界日夜指引　兵馬急速追捉XXX轉回家　捉魂童子　捉魄童郎　催捉XXX日夜思歸不得已　本境土地公洽接符令至急傳法　弟子本奉茅山祖本二師急急如律令　勅到奉行　神兵火急如律令

迷合咒

天清清　地靈靈　奉請三清勅令　保聖星君　和合星君　迷魂星君　迷男（女）人XXX心向男（女）人XXX身上　日夜思想不忘　勅起陰陽和合永長久　拜請天和神門神合戶尉　司命灶君　井灶合龍神　床公合床婆　拜請

觀音佛祖　文武列聖諸尊神　拜請呂府仙祖　和合仙師合同勅令催和合　年和合　月和合　日和合時和合　同心順意永成相隨　急急如律令勅合

彩鳳和合咒

天催催　地催催　男女和合急如雷　男為牡丹女為桂　男為彩鳳女為彩鳳　彩鳳彩鳳來相隨　三魂七魄同做堆　一日思君十二時　吾奉太上老君敕　急急如律令

和合咒

奉請桃花金神急降臨　急急來扶女人身　日來
扶身夜扶身　急急扶起女人身　女人思想　XXX來同
心同意同食同床枕　同心和合不離身　男人化做青
草　女人化做餓鹿神　餓鹿見草心歡喜　鹿食草靈符
到肚　三魂七魄來相纏　來相纏來交合　結為夫妻是
和合　女人心如鐵化做心綿綿　時時刻刻來相催　急
急催來　來交合　日間前來結兄妹　夜間前來作夫妻
夫妻和合不分身　吾奉祖師來相請　請得桃花金神
押女人魂　男人魂　有婚姻　心不想變邪為正　男女
急急來交合　吾奉茅山師祖勅　靈符到肚奉行　神兵

火急如律令

鳳凰和緣符

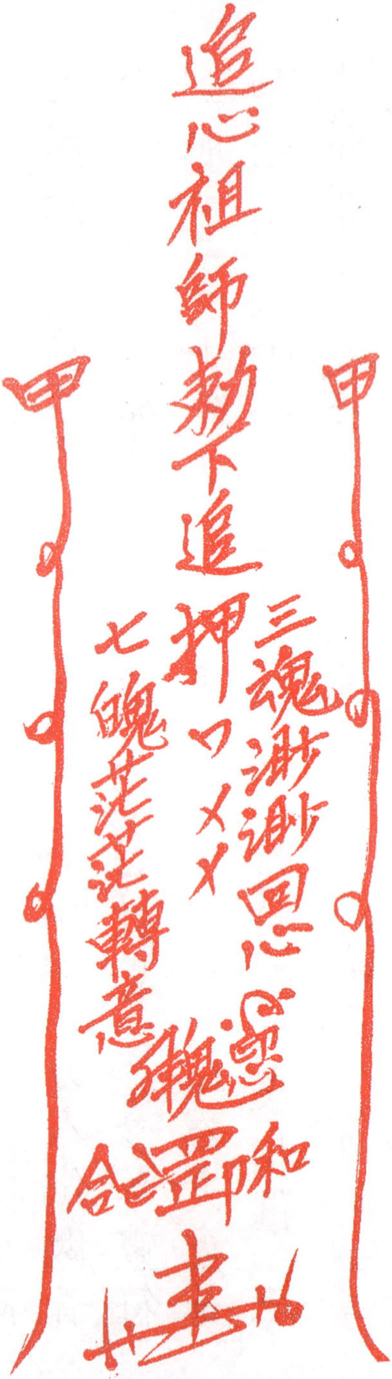

用法：男女不和夫妻吵架，可用此符，黃紙墨書一張燒化放床底或枕頭下，一張化飲。

治陰症符

用法：被下邪符或陰邪侵犯全身，疾病不好看醫無效，本符每天一道化洗，硃書。

茅山花公花婆鹿草和合符

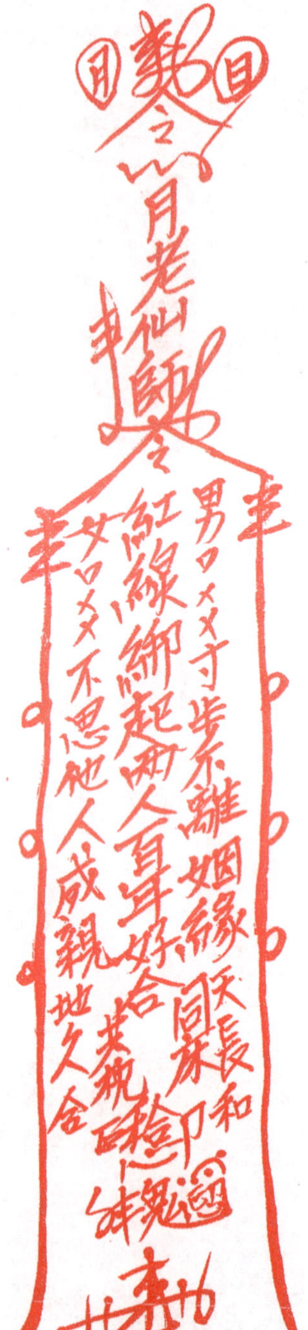

用法：黃紙墨書每天化飲。

茅山花公花婆鹿草和合咒

拜請天清地靈　列位眾神祇勅陰陽和合成天催催　地催催　催男催女速來做堆　男化青草女化玉鹿　鹿引草　和合來做堆　草鹿永相隨　天和合如雲交雨　地和合如魚得水　人和合千年萬載不分開　夫妻顛鸞倒鳳　心思依依　即時和合對相逢　吾奉陰公陰婆勅令　花公花婆押行　神兵火急如律令

茅山和合符（一）

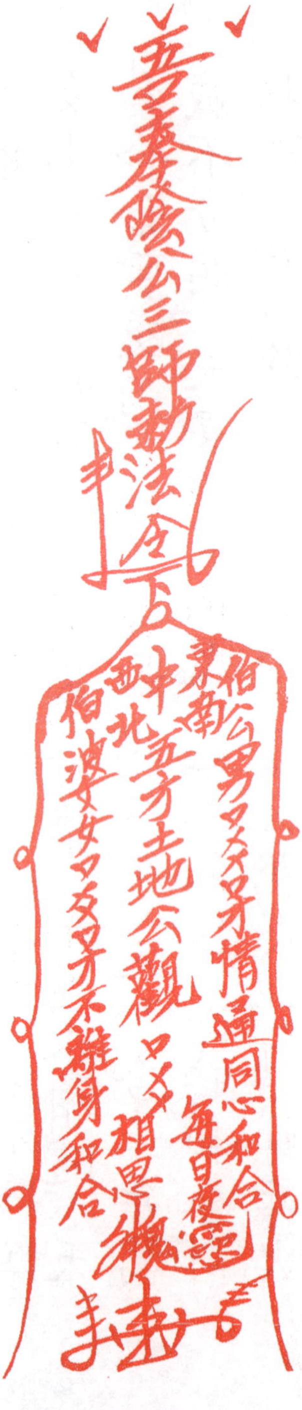

用法：黃紙墨書化飲。

茅山和合符（二）

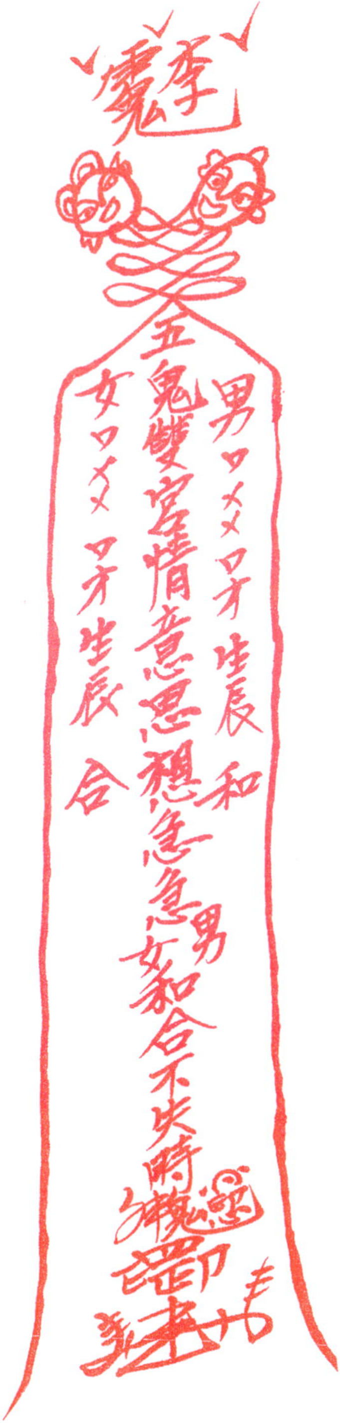

用法：黃紙墨書化飲。

茅山迷魂符

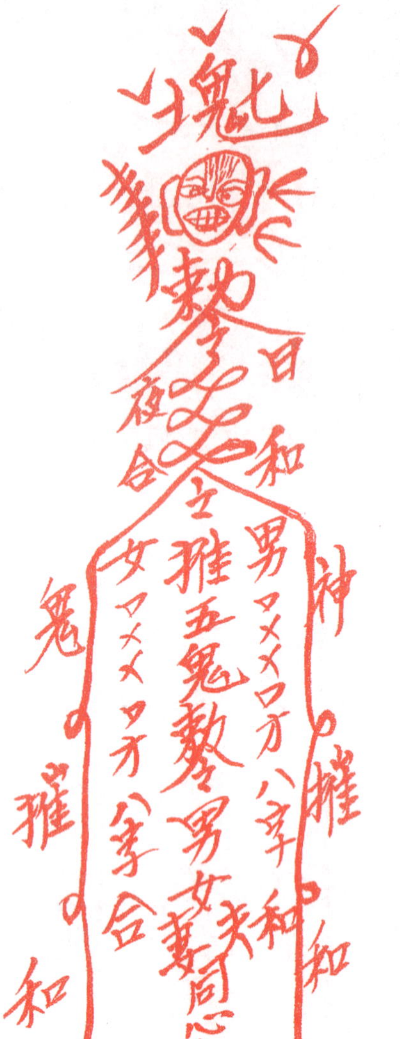

用法：黃紙墨書化飲。

茅山迷魂咒

拜請迷魂娘　牽引叫合迷女人　迷起女人身　同心同意　同床共枕　日夜同心不分離　吾奉茅山法主　急調迷魂娘娘速速下凡來　附女人身　同心同意　思想男人來成親　二人魂魄來交合　速速來成親　神兵火急如律令

茅山防愛人移情符

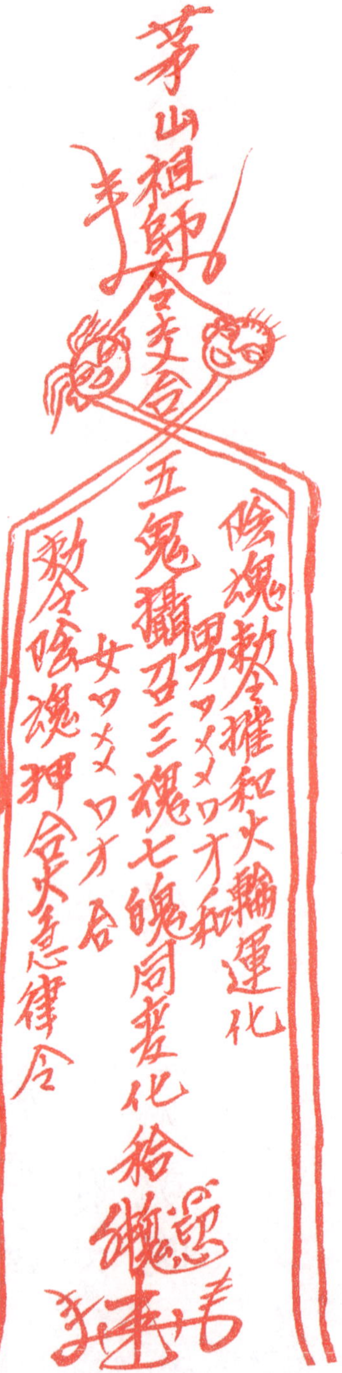

用法：黃紙墨書化飲。

茅山防愛人移情咒

天清地靈　神化顯靈　精秉太陽　氣秉太陰

情投意合　掛意繫心　吾奉三山九侯先師律令攝

指法：左雷右劍

步罡：踏上步罡

用法：取五個女子頭髮與乳液各五錢，置小碗內蓋緊，祭六甲壇前，持手印吸東方氣一口，唸咒七遍後書符，非妻子千萬不可使用。

中華民國傳統道法五術推廣協會會員入會申請書

申請日期： 年 月 日

敬啟者：本人志願加入貴會為會員，
並願意遵守會中一切規定服務社會，茲填就下列各項，敬請審核，並同意入會為何。

此致

中華民國傳統道法五術推廣協會

入會人： 印 會員證NO.

姓名	
性別	
住址	
出生	民國 年 月 日
學歷	
經歷	
身分證	
電話	
籍貫	
道教法師資料：從學派門	閣山派 / 天師派 / 茅山派 / 其他派別
所屬公堂	
擔任職	
授業師姓名	
現職	
研考	

今茲

申請加入 貴會為個人為會，矢願導遵守 貴會一切規章，懇請准予入會為何

謹致

中華民國傳統道法五術推廣協會

申請人簽名：

介紹人簽名：

證書號碼	
審查結果	
發給日期	民國 年 月 日
備註	

二吋照片

注意事項

一、入會員申請書為永久保存資料，請用原子筆或鋼筆填寫，切勿潦草。
二、介紹人一人，必須為本會會員，並請簽名蓋章。
三、入會時請交最近脱帽半身照片二吋二張，身份證影印本一份。
四、入會時一次繳納入會費五佰元，常年會費一仟二佰元，合計一仟七佰元整。
五、個人資料應以身份證所載為憑，填寫數字，請用阿拉伯字母。
六、專長係指個人專業技術，如道法、符咒、法術、乩士、卜筮、卦理、命相、四柱、紫微斗數、命名、手面相、陰陽地理等。
七、個人在學術上面如有著作，請在備註欄填寫。
八、立案字號：台內社字第八六七七八〇五號
九、會址：新北市中和區民治街六巷一七號
電話：(〇二)二二二五-一六四〇

育林出版社圖書目錄

堪輿叢書

編號	書名	作者	定價
KA-01	葬經青烏經白話註釋(平) (附難解二十四問)	陳天助 著	$ 300元
KA-02	蔣氏家傳地理真書(平)	杜薇之鈔藏本	$ 800元
KA-03	標點撼龍經疑龍經(平)	楊筠松 著	$ 250元
KA-04	繪圖魯班木經匠家鏡(平)	魯公輸 著	$ 150元
KA-05	增補堪輿洩祕(平)	清 熊起磻原著 民 王仁貴編釋	$ 600元
KA-06	八宅造福周書(平)	黃一鳳 編撰	$ 350元
KA-07	相宅經纂(平)	清高見男 彙輯	$ 300元
KA-08	白話陽宅三要(平)	清 趙九峰著 民 北辰重編	$ 280元
KA-09	陽宅實證斷驗法(平)	蕭汝祥 著	$ 350元
KA-11	陽宅形局斷驗法(平)	林進來 著	$ 320元
KA-12	鎮宅消災開運法(平)	蕭汝祥 著	$ 450元
KA-14	贛州風水秘傳(平)	北辰 編撰	$ 380元
KA-16	八運玄空陽宅秘訣(平)	李哲明 著	$ 480元
KA-17	陽宅化煞開運訣(平)	李哲明 著	$ 380元
KA-18	後天派陽宅實證-增訂版(平)	吳友聰 著	$ 450元
KA-19	地理真經(平)	王祥安 著	$ 380元
KC-20	堪輿明燈(軟精)	張淵理 著	$ 800元
KA-21	堪輿法鑑(平)	李哲明 著	$ 480元
KA-22	玄空大卦羅經詳解(平)	李哲明 著	$ 320元
KA-23	地理窯基(平)	林珏田 著	$ 380元
KA-24	乾坤國寶龍門八局圖解(平)	林志縈 著	$ 500元
KA-25	原來陽宅開運化煞好簡單(平)	白漢忠 著	$ 280元
KC-27	玄空陽宅實例(軟精)	張淵理 著	$ 600元
KA-28	玄空風水玄機飛星賦評註(平)	林志縈 著	$ 500元
KA-29	陽宅堪輿實務(平)	宋英成 著	$ 350元
KA-30	玄空薪傳1六法解密(平)	李宗駒 著	$ 600元
KA-31	名人堪輿實記(平)	黃澤元 著	$ 600元
KA-32	三元地理真傳(平)	趙文鳴 編著 張成春 編纂	$ 600元
KC-33	玄空六法理氣圖訣(軟精)	李哲明 著	$ 800元
KA-34	玄空薪傳2形家解密內巒頭篇(平)	李宗駒 著	$ 400元
KC-35	玄空堪輿正論(軟精)	張淵理 著	$1000元

KA-36	地理錄要(平)	蔣大鴻 著	$ 300元
KA-37	陽宅形局杖眼法(平)	黃澤元 著	$ 350元
KA-39	三元玄空挨星圖解(平)	邱馨誼 著	$ 350元
KA-40	玄空薪傳3宅譜解密(平)	李宗駒 著	$ 600元
KA-41	三元地理些子法揭秘(平)	林志縈 著	$ 600元
KA-42	金字玄空地理錦囊(平)	劉信雄 著	$ 500元
KA-43	風水求真與辨偽防騙(平)	冠 元 著	$ 600元
KA-44	楊公三元地理真解(平)	王健龍 著	$ 600元
KA-45	玄空實例精析(平)	冠 元 著	$ 450元
KA-46	三元玄空暨內外六事實證(平)	邱馨誼 著	$ 350元
KA-47	紫白飛星技法(平)	陳藝夫 著	$ 350元
KA-48	陽宅形煞三百訣(上集)(平)	陳藝夫 著	$ 350元
KA-49	陽宅形煞三百訣(下集)(平)	陳藝夫 著	$ 350元
KB-50	地理大全二集理氣秘旨(上下不分售)	漢陽 李國木 新加坡 張成春	$1800元
KB-51	談氏三元地理大玄空路透(精)	談養吾 著	$ 600元
KB-52	談氏三元地理大玄空實驗(精)	談養吾 著	$ 600元
KD-54	玄空紫白訣(平)	趙景義 著	$ 800元
KB-55	玄空本義談養吾全集(精)	談養吾 編著 張成春 編纂	$1800元
KB-56	新玄空紫白訣(精)	趙景義 編著 張成春 編纂	$1200元
KB-57	安親常識地理小補 玄空法鑑元運發微 合編(精)	談養吾 編著 張成春 編纂	$1200元
KB-59	玄空六法秘訣圖解(精)	林志縈 著	$1500元
KB-60	玄空理氣經綸(精)	紫虛 著	$1200元
KA-61	玄空薪傳4青囊辨正解秘(平)	李宗駒 著	$ 600元
KA-62	三元玄空·派多門多各自說(平)	邱馨誼 著	$ 350元
KA-63	教你做生基延壽招財秘訣(平)	林吉成 著	$ 800元
KA-64	現代環境學完整篇(平)	林進來 著	$ 280元
KB-65	玄空理氣啟蒙(精)	紫虛 著	$1200元
KA-66	圖解地理乾坤國寶(平)	鄭守嵐 著	$ 500元
KB-67	地理大全一集-形勢真訣(上中下不分售)(精)	漢陽 李國木 新加坡 張成春	$3800元
KA-68	玄空三元九運24山向論證(平)	邱馨誼 著	$ 380元
KA-69	玄空正法揭秘(平)	冠 元 著	$ 550元
KA-70	九運玄空陽宅詳解(平)	木星齋主著	$ 880元
KA-71	兩元玄空形勢水法120局註解(平)	古宗正 著	$ 380元
KA-72	精髓陰楊絕學(平)	游景 著	$ 800元
KA-73	調理氣談風水(平)	劉信雄 著	$ 550元
KA-74	蔣大鴻手抄本精解(平)	詹錦幸 著	$ 880元

符 咒 叢 書

編號	書名	作者	定價
FA-01	萬教符咒開運秘笈(平)	真德大師 合 永靖大師 著	$600元
FA-02	萬教符咒總集 上下冊(平)	真德大師 合 觀慈大師 道濟大師 著	$800元
FA-03	閭山符咒發運招財(平)	真德大師 合 永靖大師 著	$400元
FA-04	符令速學指鑑(平)	林吉成 著	$850元
FA-05	開運招財經典(平)	林吉成 著	$500元
FA-06	招財開運寶典訣(平)	林吉成 著	$600元
FA-07	桃花感情和合經典(平)	林吉成 著	$600元
FA-08	五路財神開運符(平)	林吉成 著	$600元
FA-09	桃花驛馬感情符(平)	林吉成 著	$500元
FA-10	真傳實用招財寶典(平)	永靖大師 著	$600元
FA-11	六壬絕學秘籙(平)	永靖大師 著	$600元
FA-12	真傳茅山符咒秘笈(平)	永靖大師 著	$600元
FA-13	真傳陰山派神符寶鑑(平)	永靖大師 著	$600元
FA-14	閭山觀落陰寶鑑(平)	永靖大師 著	$400元
FA-15	閭山地府進錢科儀(平)	永靖大師 著	$400元
FA-16	真傳法師指訣總集(平)	永靖大師 著	$850元

紫 微 斗 數 叢 書

編號	書名	作者	定價
ZA-01	飛星紫微斗數應用(平)	蕭汝祥 著	$380元
ZA-02	飛星紫微斗數實例(平)	蕭汝祥 著	$380元
ZB-03	紫微斗數天策三書之星曜詮論(精)	陳昊聯 著	$480元
ZC-04	紫微斗數天策三書之斗數宣微上(精)	陳昊聯 著	$480元
ZA-05	紫微斗數精解(平)	白雲居士 著	$280元
ZC-06	紫微般若五七六相法(精)	鄭智祐 著	$700元
ZA-07	紫微斗數經典(平)	白雲居士 著	$320元
ZA-08	紫微斗數大全(平)	白雲居士 著	$380元
ZA-09	聖威門紫微斗數斷訣(平)	盧立群 著	$330元
ZA-10	紫微斗數賦文辯正全集(平)	曾正興 著	$450元
ZA-11	紫微斗數全書-重新斷義(平)	曾正興 著	$380元
ZA-12	白雲居士專論四化飛星紫微斗數(平)	白雲居士 著	$550元
ZA-13	紫微斗數賦文格局總論(上下)	曾正興 著	$880元

命理叢書

編號	書名	作者	定價
MB-01	三命通會(精)	中央圖書館藏本	$ 500元
MA-02	滴天髓補註(平)	徐樂吾 評註	$ 200元
MA-03	窮通寶鑑(欄江網)(平)	徐樂吾 著	$ 250元
MB-04	訂正滴天髓徵義(精)	徐樂吾 著	$ 500元
MA-05	子平真詮辯證(平)	曾富雄 編著	$ 500元
MA-06	命學新義(平)	水繞花堤館主著	$ 200元
MA-07	子平歸真實錄(平)	劉錦漢 著	$ 350元
MA-08	八字命理點竅(平)	陳藝夫 著	$ 350元
MD-09	子平八字秘笈(平)	曾泗淮 編纂	$ 200元
MD-10	滴天髓 窮通寶鑑 合訂本(平)		$ 160元
MA-11	教你如何論八字(平)	王彥貿 著	$ 450元
MA-12	四、五言獨步論命(平)	劉錦漢 著	$ 350元
MB-13	盲派絕傳秘竅(精)	梁 飛 編著	$1200元
MA-14	八字紫微合參論命(平)	木星齋主著	$ 380元

三式叢書

編號	書名	作者	定價
SA-01	劉氏神數(平)	劉廣斌 著	$800元
SA-02	六壬神課金口訣大全課例注釋(平)	孫臏 著	$500元
SA-03	應用六壬金口訣預測法(平)	孫臏 著	$450元
SD-04	神授法奇門秘笈(平)	張子房 纂	$1000元
SB-05	大六壬精解(精)	北辰 編撰	$1000元
SB-07	劉氏神數(精)	劉廣斌 著	$900元

姓名學叢書

編號	書名	作者	定價
NA-01	神奇姓名學(平)	林家驊 著	$350元
NA-02	財丁貴姓名學(平)	高樹熊 著	$600元

國家圖書館出版品預行編目(CIP)資料

真傳茅山符咒秘笈 / 永靖大法宗師著.-- 臺北市 :
育林, 2015.06
面 ; 公分
ISBN 978-986-6677-46-5(平裝)

1.CST: 符咒

295.5 104008057

真傳茅山符咒秘笈

著 作 者：永靖大法宗師
發 行 人：李炳堯
出 版 者：育林出版社
地 址：台北市士林區大西路18號
電 話：(02)28820921
傳 真：(02)28820744
E-mail ：service@yulinpress.com.tw
網路書店：www.yulinpress.com.tw
郵政劃撥帳號：16022749陳雪芬帳戶
登 記 証：局版台業字第5690號
總 經 銷：紅螞蟻圖書有限公司
地 址：台北市114內湖區舊宗路2段121巷19號
電 話：02-27953656 傳真：02-27954100
E-mail ：red0511@ms51.hinet.net
定 價： 600 元
出版日期：再版2025年5月

歡迎至門市選購
地址：台北市士林區大西路18號1樓
電話：(02)28820921傳真：(02)28820744
本書如有缺頁、破損、倒裝請寄回更換